Droppen oder legen?

Für konstante
Mehr Körperdrehung

Schluss mit Stress im Spiel

Um die Bunkerangst zu beseitigen, betrachtet man den Sandschlag am besten als einen kontrollierten „fetten Schlag"

Erst dehnen – dann driven

Ein Lieblings-Wedge für alle Lagen?

Wer regelsicher ist, spielt selbstbewusst

Sich Zeit nehmen für unbequeme Schlagweiten

Es gibt keinen erfolgreichen Golfer mit einem schlechten Griff

Aus den Schlagspuren Schlüsse ziehen

Fahne raus oder drin lassen?

Mit der Griffhaltung spielen

Eine ruhige Schulterdrehung ist der Schlüssel für weite Drives

Der letzte Blick gilt der Fahne, nie dem Wasser

Bernd H. Litti

Kurzer Weg zum guten Golf

Besonderer Dank gilt Karin Felix,
die dieses Buch mit konstruktiver, journalistischer
Kritik begleitet hat.

Bernd H. Litti

Kurzer Weg zum guten Golf

Der Kompakt-Ratgeber für Schnellstarter und Späteinsteiger

KOSMOS

Fore!

Jeder Golfer und jede Golferin möchte sich verbessern. Doch die meisten tun sich schwer. Trotz guter Ansätze, innerer Hingabe und ehrenvoller Vorsätze schaffen sie es nicht, ihr Spielniveau anzuheben. Mein Buch „Kurzer Weg zum guten Golf" will Sie zielgerichtet unterstützen – von den ersten Schritten hin zur Turnierreife bis zur realistischen Handicap-Verbesserung.

Viele Golf-Ratgeber unterscheiden sich nur in Details, nicht aber in ihrer Substanz voneinander. Meine bisherigen Bücher eingeschlossen. Sie beschreiben Erfahrungen großer Golfer und geben hauptsächlich Vorstellungen vom „perfekten" Golfspielen wieder. Die meisten Lernbeispiele gehen kaum auf das Körpergefühl und auf die persönliche Gedankenwelt des durchschnittlichen Golfers ein.

Viele Fachbeiträge präsentieren langatmige Bildreihen zum Schwung. Das trifft auch auf Apps und DVDs zu. In vielfältiger Weise wird versucht, den scheinbar einzig richtigen Dreh zum perfekten Schwung zu beschreiben. Zu viel Trainingshinweise mit übergroßem Zeitbudget. Wer das nicht hat, muss sich mit kleinen Fortschritten bescheiden. Mein Anliegen ist es, Ihnen Angebote zu machen, die im Gedächtnis haften bleiben. Unterstützt von klarer Sprache und einprägsamen Bildern.

Stundenlanges Schinden auf der Range ist nicht mehr drin. Die Freude am Spielen steht bei uns – ich hoffe, Sie sind mit der Wir-Formulierung einverstanden – ganz oben. Natürlich streben wir nach soliden technischen Fundamenten in Sachen Griff, Stand und Richtung. Verbunden mit solidem Schwungablauf, der ein optimales Treffen des Balls in seinen vielfältigen Lagen überhaupt erst zulässt.

Mein Streben ist es, Ihnen zu möglichst baldiger Schwungkonstanz zu verhelfen. Erst ein wirklich freier Schwung, den man mehr fühlt als man ihn sehen kann, führt zu einem festen Schlagmuster. Für den Weg dahin gibt es kein einheitliches Bewegungsmuster. Je eher Sie, ob als Schnellstarter oder Späteinsteiger, Ihr persönliches Schlagmuster finden, desto erfolgreicher werden Sie über den Platz gehen und Ihr Spiel genießen.

In diesem Sinne: viel Spaß!
Ihr

Bernd Litti

1. Kapitel:
Einfach Gas geben
Grundlagen fürs Holz- und Eisen-Spiel **8**

2. Kapitel:
Präzision steht im Mittelpunkt
Chippen mit Gefühl **32**

3. Kapitel:
Mit Absicht hoch hinaus
Pitchen auf verschiedene Weise **50**

4. Kapitel:
Mit Köpfchen aus dem Sand
Bunkerspiele leicht gemacht **66**

5. Kapitel:
Glaub an Deine Putts
Das Finale auf dem Grün **88**

Inhalt

6. Kapitel:
Erwartungen in seine Schläge setzen
Schlag nach eigenem Muster **108**

7. Kapitel:
Wer regelsicher ist, spielt selbstbewusst
Die wichtigsten Regeln **128**

8. Kapitel:
Wenn's drauf ankommt
Turniere spielen **150**

9. Kapitel:
Damit man sich nicht wie ein Anfänger fühlt
Das Wichtigste für die Platzreife **172**

Glossar
Alle im Lauftext *kursiv* geschriebenen Golfbegriffe finden Sie da. **190**

Stichwortverzeichnis **230**

Impressum **240**

1. Kapitel: Grundlagen fürs Holz- und Eisen-Spiel

Einfach Gas geben

Um Abschläge kraftvoll und mit kühlem Kopf kreativ zu meistern, hilft es, seine eintrainierte Schwungtechnik zu kennen und Verbindungen zu bereits vorhandenem Wissen herzustellen. Sitzen die Grundlagen Ausrichtung, Griffhaltung und *Schwungebene*, so spielt es keine Rolle, ob man ein *Holz* oder *Eisen* in der Hand hält: Der wiederholbare Schlagablauf fällt annähernd gleich aus.

< Der Driver hat von allen Schlägern das meiste Feuer in sich. Seine Schlagweite entfacht schnell Begeisterung. Dank seines großen Kopfs kann man schon nach kurzer Zeit mit ihm aufs Ganze gehen.

Wie man sein Schwungtempo findet

Jeder kann so schnell schwingen, wie er will, solange er dabei nicht sein Gleichgewicht verliert oder zu konzentriert auf zu viele Einzelheiten seiner Schlagtechnik achtet.

Manchmal bedeutet ein langsamer Schwung, dass Angst im Spiel ist, der Ball könnte schlecht getroffen werden. Oft fallen bei den meisten Amateuren die Schläge zu kurz aus. Um gewünschte Weite und Präzision zu erreichen, dreht man den Körper um die eigene Achse. Dabei stellt man sich einen Kreisel vor. Wird der langsamer, fängt er an zu eiern. Deshalb darf man niemals in den Fehler verfallen, während des Schwungs seitlich wegzukippen oder zu schwanken. Das passiert, wenn man aus der Achse gerät oder sein Schwungtempo zu sehr drosselt oder im Umkehrschluss überdreht.

Es gibt gute Golfer, deren Schwünge sehr schnell aussehen, und andere, die fast träge wirken, weil ihre *Schlägerkopfgeschwindigkeit* (Head-Speed) erst vor dem Treffmoment auf Turbo schaltet. Einen allgemein gültigen *Rhythmus*, der zu jedem passt, gibt es nicht. Aber alle *Proetten* und *Pros* schwingen fortwährend gleich schnell.

Wie die Hand zum Schläger greift

Der *Griff* ist der einzige Kontakt, den der Spieler mit dem Schläger zum Ball hat. Wie die Hand zum Schläger greift, ist ausschlaggebend für den gesamten Schwungverlauf.

Es gibt keinen erfolgreichen Golfer mit einem schlechten Griff. Aber viele schlechte Golfer mit schwacher oder verspannter Griffhaltung. Stimmt der Griff zum *Driver*, dem König unter den Schlägern, können sich die Fliehkräfte des *Balls* voll entfalten und ihn in schier endlose Ferne befördern.

Der Druck auf den Schlägergriff wird nie verändert. Er fördert einen fließenden Golfschwung. Bei einer entspannten Griffhaltung wird sich während des gesamten *Schlags* der Griffdruck so anfühlen, als ob man ein rohes Ei in der Hand hält.

Der ausgewogene Standardgriff

1. Mit links fasst man den Schläger

Der meiste Druck lastet auf den letzten drei Fingern, die auf dem Schlägergriff liegen. Diese Griffhaltung, auch *Overlapping-Grip* genannt, genießt bei vielen größtes Vertrauen.

2. Die rechte Hand greift über

Die kräftigen Muskeln des rechten Zeigefingers und Daumens bleiben entspannt. Das von Daumen und Zeigefinger gebildete V der linken Hand weist auf die Mitte des Schafts.

3. Die Finger liegen auf dem Griff

Hände und Finger liegen eng aneinander. Keine Zwischenräume beim Griff zulassen, sonst besteht Rutschgefahr und der einwandfreie Handgelenkeinsatz im Rückschwung wird schwer möglich sein.

4. Die Vs sind parallel ausgerichtet

Der rechte Daumen liegt auf dem linken. Der kleine Finger der rechten Hand rutscht über den linken Zeigefinger und kuschelt sich in die Vertiefung zwischen Zeigefinger und Mittelfinger.

Zwei weitere Griffe zur Auswahl

Der Baseball-Grip

Golfer mit Gelenkproblemen favorisieren diesen Griff. Sie meinen, dass man so im Rückschwung voll abwinkeln kann, um den Schläger im Treffmoment stark zu beschleunigen.

Der Interlocking-Grip

Ähnlich dem Standardgriff. Hier verhakt sich der kleine Finger der rechten Hand mit dem Zeigefinger der linken. Menschen mit kleinen Händen greifen gern so zum Schläger.

Mit der Griffhaltung spielen

Der schwache Griff

Dieser Griff – wenn die Vs nach rechts weisen – ist ein Distanzkiller. Aber bei kurzen Schlägen gibt der *schwache Griff* vielen oft ein besseres Gefühl für mehr Richtungskontrolle.

Der starke Griff

Um mehr Drive-Distanz zu erreichen, drehen *Longhitter* vom neutralen Standardgriff die Vs etwas mehr nach links, zum *starken Griff*. Einfach ausprobieren!

So wird aufgeteet und gestartet

Normal aufteen

Die meisten Profis lassen den Driverkopf vor dem Start über dem Boden schweben. Der *Loft* (Schlagflächenneigung) des Schlägers im Bild beträgt 9,5 Grad. Schon ein Zentimeter über seiner *Sweetspot*zone beträgt der Loft 11 Grad.

Ein Zentimeter tiefer verändert sich der Loft im Treffmoment zu rund 7 Grad. Übrigens, umweltbewusste Golfspieler benutzen nur *Tees* aus Holz, weil sie im Gegensatz zu Tees aus Plastik verrotten.

Hoch aufteen

Hoch aufgeteet, darauf achten Longhitter, hat man bessere Chancen, mit gleichmäßiger Geschwindigkeit vom Beginn bis zum Ende des Schlags den Ball zu treffen.

Niedrig aufteen

Ruht das Gewicht des Schlägers auf dem Boden, neigt man unbewusst dazu, den Griff zu lockern. Zudem kann der Schwungstart zu abrupt und zu verkrampft ausfallen.

1. Kapitel: Grundlagen fürs Holz- und Eisen-Spiel

Der gelungene Drive-Schlag

1. Die Ansprechstellung

Die Schlagfläche ist zum Ziel ausgerichtet und startet flach. Schläger, Hände und Körper, bewegen sich anfangs wie aus einem Stück. Der Driver sollte den Boden nicht berühren.

2. Der Rückschwung

Der Winkel der Wirbelsäule darf sich beim *Takeaway* kaum verändern. Eine ruhige Schulterdrehung ist der Schlüssel für weite Drives. Dabei gespannt sein, um eine kraftvolle Bewegung zum Ball auszuführen.

3. Der Durchschwung

Der Ball wird vom Tee hinweggefegt. Das Schlägerblatt schließt sich. Die Arme sind noch durch die Zentrifugalkraft auf volle Länge gezogen. Im *Durchschwung* wirken die Fliehkräfte. Ein natürliches Drehen der Handgelenke (*Release*) folgt.

4. Am Ende des Schwungs

Das Gewicht wird ausbalanciert nach vorn verlagert, bleibt zwei, drei Sekunden in der Endposition *(Finish)*. Die Brust zeigt, je nach Beweglichkeit, zum Ziel oder links davon.

Die stabile Schwungebene

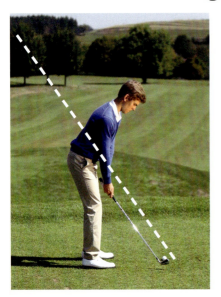 

Ballansprache mit Körperspannung

Die *Schwungebene* ergibt sich schon beim Ansprechen des Balls und sollte bis zum Schwungende gleich bleiben. Am besten lassen wir die Handgelenke beim Start gerade von den Unterarmen aus herabhängen. Dabei steht die Schlägersohle etwas schräg zum Boden, so kann der Schwung korrekt und ungehindert vollzogen werden.

Ideal: Die steile Schwungebene

Beim *Rückschwung* bewegt sich der Schläger gleichzeitig nach innen – von der Ziellinie *(Target Line)* aus gesehen – und oben. Dabei bleibt der Rücken im selben aufrechten Winkel wie bei der *Ballansprache*. Beste Voraussetzungen, die optimale Schlagposition zu erreichen.

Abweichungen zum Abgewöhnen

Die zu flache Schwungebene

Liegt der Schaft zu flach, eben weit weg von der Schaftstellung bei der *Ballansprache*, knicken die Arme ab, und es geht Schlagkraft verloren. Ein zu stark vom Start weg nach innen geneigter Schlägerkopf muss noch in der Phase des *Abschwungs* korrigiert werden. Das Risiko ist hoch, dass man im Treffbereich zu sehr von innen an den Ball kommt und ihn weit rechts vom Ziel raushaut.

Die vertikale Schwungebene

Man gerät schon am Beginn des *Rückschwungs* aus der Schwungebene. Das hat Folgen. Es muss eine Schleife im Schwung geschlagen werden. Die Hände können den Schläger nur mit geringer Kraftentfaltung durch die Treffzone ziehen. Die Arme knicken wahrscheinlich beim Ballkontakt ein und der Schlägerkopf verkantet sich nach links – schwingt von außen nach innen – zum Ziel.

Was macht der Ellbogen?

Der Abstand bringt es auf den Punkt

Liegen die Ellbogen beim schwungvollen Drehen nahe am Körper, vermeidet man überflüssige Bewegungen im Abschwung. Ohne abrupten Übergang zum Durchschwung laufen Arme und Körper im fließenden Schwung synchron. So bleibt die optimale Körperspannung erhalten.

Der klebende Ellbogen

Liegt der rechte Ellbogen im Rückschwung zu nah am Körper, zeigt der Schlägerkopf im Wendepunkt zu weit nach links vom Ziel. Aus dieser Position besteht Gefahr, den Ball nach links zu verschlagen.

Der fliegende Ellbogen

Bewegt sich der rechte Ellbogen im Schwung zu weit vom Rumpf weg, neigt man dazu, den Schläger am Ende des Rückschwungs zu locker zu halten. Zudem verliert der Körper leicht seine Drehspannung.

Kann man die Ziellinie kreuzen?

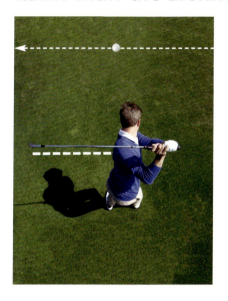

Der Wendepunkt führt auf die rechte Schwungbahn

Am Wendepunkt des Rückschwungs, der linke Arm ist gestreckt, aber nicht komplett steif, weist die Schlägerspitze zum Boden, der Schaft liegt parallel zur *Ziellinie*. Diese Position gewährt Konstanz bei allen vollen Schlägen.

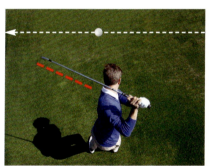

Der Rechtsabweichler

Bei der Schlägerhaltung am Wendepunkt besteht die Gefahr, dass das Eisenblatt im Abschwung von innen nach außen die Ziellinie kreuzt und der Schlag schiefgeht.

Der Linksabweichler

Weist der Schläger am Wendepunkt zu stark nach links, ist im Durchschwung damit zu rechnen, dass das Schlägerblatt die Ziellinie von außen nach innen kreuzt, was zum Fehlschlag führt.

Wie man seine Schwungbahn hält, um gute Ballkontakte zu haben

Gut: Der Schläger schwingt …

… von innen nach innen

In Bruchteilen von Sekunden läuft diese Bewegung ab: Der Spieler erlaubt dem Eisen, sich frei zu entfalten, indem er mit offenem Schlägerblatt von innen kommt, *square* auf der Ziellinie entlangschwingt und den Ball trifft, bevor es sich wieder durch den Schwungkreis schließt.

Zum Abgewöhnen: Der Schläger schwingt …

… von außen nach innen

Verkrampfte Hände und Arme neigen dazu, das Schlägerblatt mit Gewalt auf der Ziellinie entlangzusteuern.

Das offene Schlägerblatt lässt den Ball von der vorgesehenen Zielrichtung abweichen und kurz ausfallen.

Fette und dünne Schläge ruinieren den Schlag

Die Wahrscheinlichkeit, den Ball *dünn* oder *fett* zu schlagen, ist am höchsten, wenn man das zu vermeiden sucht. Ein Schuss Unbekümmertheit hilft.

Ob fett oder dünn, der Ball sollte vor dem tiefsten Punkt des Schwungbogens getroffen werden. Dafür lässt man am besten das Schwerkraftverhalten des Schlägers arbeiten. Es ist zuverlässig und führt zu einwandfreiem Ballkontakt. Man braucht nur entspannt zu greifen und das Gewicht des *Schlägerkopfs* im Rück- und Durchschwung zu spüren, damit die Arme wie von allein in der Treffzone gestreckt sind und einen sauberen Kontakt herstellen: erst den Ball, dann den Boden. Ganz sicher!

 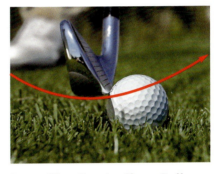

Der „fett" getroffene Ball

Das Schlägerblatt gräbt sich schon vor dem Ball „fett" in den Rasen. Fett getroffen fliegt der Ball oft nur etwas weiter als die Grasnarbe. Wo liegt die Ursache? Meist wird beim Schwungbogen der tiefste Punkt im Treffmoment zu früh erreicht.

Der „dünn" getroffene Ball

Die Vorderkante des Schlägerkopfs trifft den Ball „dünn". Der Ball zischt weit übers Ziel hinaus. Hier liegt die Ursache häufig in der Neugier: Man hat sich im Schwungverlauf zu früh aufgerichtet und den Ball oberhalb seines Zentrums getoppt.

1. Kapitel: Grundlagen fürs Holz- und Eisen-Spiel

Der perfekte Eisen-Schlag

1. Weit weg vom Ball starten

Flach starten und das Schlägerblatt öffnen. Sobald die Hände die Hüfthöhe erreichen, folgt eine natürliche Abwinkelung der Handgelenke.

2. Der reduzierte Rückschwung

Ohne vollen Aufschwung verliert man zwar etwas Länge, erhält aber mehr Genauigkeit. Zudem fällt es leichter, die Fliehkräfte des Schlägerkopfs ganz zu entfalten. Die Schultern drehen rund 90 Grad, der Schaft und der linke Arm bilden einen rechten Winkel.

3. Der Moment der Wahrheit naht

Jetzt läuft es schlagkräftig ab. Der linke Handrücken und das Schlägerblatt zeigen gleich am tiefsten Punkt des Schwungbogens – dem Treffbereich – square zum Ziel.

4. Kraftvoll den Schwung auflösen

Durch eine schwungvolle Drehung, wie beim Weitwerfen, wandert das Körpergewicht von rechts nach links in eine ausgewogene Endposition. Der rechte Fuß wird am Ende auf den Zehen stehen.

1. Kapitel: Üben, probieren – besser werden

Das Training fürs lange Spiel

Nur wer sich auf der *Driving Range* ein Bild machen kann, was im Schwung passiert, ist in der Lage, Korrekturen und Verbesserungen vorzunehmen. Und genau dahin wollen wir kommen. Manche Menschen spielen hervorragendes Golf mit überflüssigen Bewegungen und persönlichen Eigenarten. Obwohl „fliegende oder klebende Ellbogen" und „Schläger kreuzen" gegen gängige Lehrmeinungen verstoßen. Ein konstant gutes Schwungverhalten entsteht jedoch nur durch eine ganzheitliche, flüssige Bewegung.

Überwiegend Männer konzentrieren sich zu viel auf die Mechanik und zerlegen ständig ihren Schwung in einzelne Teile. Dabei spielt es nur eine untergeordnete Rolle, wo zum Beispiel der Wendepunkt im Rückschwung liegt oder ob die mühsam eintrainierte Endstellung im Schwung erreicht wurde. Es zählt allein, ob sich die ganze Kraft des Schlägerkopfs im Treffmoment optimal entladen kann und der Ball zum Ziel schießt.

So kommt Lust zum Lernen auf

Es braucht häufig gute Gründe, sich selbst zum Training zu überreden und mit Motivationstricks zu überlisten. Am leichtesten lernt es sich, wenn man ein bestimmtes *Handicap* erreichen möchte.

Wichtig fürs Training:

> Sich beim Üben bemühen, jeden einzelnen Schlag, wirklich jeden, mit Präzision auszuführen.

> Den Lernstoff über längere Zeit in kleine Häppchen aufteilen. Seine Zeit strukturieren, das beruhigt – nur nichts übertreiben.

> Möglichst Variationen einbauen, also verschiedene Balllagen anwenden.

> Stupides Wiederholen und „Wie-am-Schnürchen-Trainieren" vermeiden. Beim „Einschleifen" von Techniken kommt es leicht zu falschen Bewegungsmustern.

> Stress auflösen durch Bälleschlagen. Sich die Stellen auf dem Platz vorstellen, an denen man versagt hat. Mit jedem gelungenen Schlag sich bestätigen, dass man ihn von der Schlagweite meistern kann.

> Es bringt viel, sich das Gelernte selbst aufzusagen und seine Gedankenstützen in einem persönlichen Trainingsbuch zusammenzufassen.

> Sich regelmäßig seinen Schwung vor Augen führen. Das gute Gefühl, wie beim sonoren Wohlklang eines optimal getroffenen Drives, „alles richtig" gemacht zu haben, auf seiner Festplatte im Kopf abspeichern.

> Wenn man müde ist, aufhören. Auch wenn nicht alle Übungsbälle verbraucht sind.

1. Kapitel: Üben, probieren – besser werden

Schlag im rechten Winkel

Bevor wir den Schläger aufsetzen, halten wir ihn so, dass die Führungskante gerade, also square von oben nach unten, zum Ziel zeigt! Danach stellen wir uns vor, wir stehen auf einer Eisenbahnschiene. Schultern, Hüften und Füße befinden sich parallel ausgerichtet zur Ziellinie – und der Ball liegt auf der anderen Schienenseite, die direkt zum Ziel führt. Bei jedem Schlag sich vorstellen: „Die Eisenbahnschiene führt zum Zielpunkt!"

Mann kann als Übung für die *Ballansprache* einen Schläger oder einen Stab (*Aligment Stick*) senkrecht zur Ziellinie auf den Boden legen. Dies hilft, den Schlägerkopf in der Ansprechstellung square zu haben und die Ballposition zu kontrollieren.

Mehr Power mit der Peitsche

Diese Übung ist effektiv, um den Driver kraftvoll durch den Ball zu peitschen. Wir nehmen den Driver verkehrt herum in die Hand, greifen ihn und praktizieren einen *Probeschwung*. Je schneller der Schläger schwingt, desto lauter soll der Luftschwall, besonders über dem Boden, sein. Vergleichbar dem „Flugzeugspiel". Kleine Kinder lieben es, wenn sie an einem Arm und einem Bein gehalten und wie ein Flugzeug durch die Luft gedreht werden. Auch der Erwachsene spürt, dass bei genügend Rotation um die eigene Achse kein übertriebener Kraftaufwand zum „Fliegenlassen" notwendig ist. Genau dieses Phänomen erfahren wir, wenn wir den Driver umgekehrt schwingen, und es geht alles von alleine – ohne große Kraftanstrengung.

Die korrekte Schlägerhaltung trainieren

Der Schaft sollte bis zum Ende auf seiner Schwungebene bleiben, die sich bereits bei der Ballansprache aus dem Neigungswinkel des Schlägers im Verhältnis zum Boden abzeichnet. Beim vollen Schwung bewegt sich der Schläger gleichzeitig nach innen (von der Ziellinie) und nach oben.

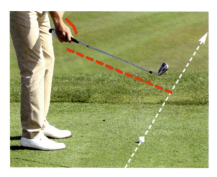

... nie zu weit außerhalb

Gerät man am Beginn des Rückschwungs aus der Schwungebene, hat das Folgen. Für einen runden Schwung muss dann eine Schleife im Schwung geschlagen werden.

... nie zu weit innerhalb

Ein zu stark nach innen geneigter Aufschwung muss noch in der Phase korrigiert werden. Das Risiko ist hoch, dass man im Abschwung von außen an den Ball kommt und ihn *sliced*.

Kontrolle: Bei wenig Nässe ist der Griffdruck konstant

Nur die drei Finger der linken Hand, nicht die Handballen, drücken beim „neutralen Griff" leicht ins Gewebe des Handtuchs hinein und lösen so einen fließenden Schwung aus.

Bei viel Nässe ist der Pressdruck an einem Punkt zu stark

Wenn das Wasser beim Greifen herausgepresst wird, kann sich im Ernstfall das Handgelenk nicht mehr ungehindert im Schwung „frei" bewegen und den Griffdruck konstant halten.

Fünf Bälle raushauen und auf Rhythmus achten

Eile mit Weile. Wie im Rausch wird ein Drive nach dem anderen geschlagen. So wird im Sekundentakt ein Gefühl für einen guten Schwungablauf erreicht. Automatisch werden wir in den meisten Fällen einen guten *Rhythmus* haben, weil unser Gehirn so programmiert ist, stets nach dem nächsten aufgeteeten Ball einfach draufzuhauen. Bei der Übung geht es in erster Linie darum, am Schwungrhythmus zu arbeiten und nicht so sehr ans Balltreffen zu denken.

1. Kapitel: Üben, probieren – besser werden

Die Handgelenke beim Start auf einer Linie lassen

Am besten lassen wir die Handgelenke natürlich und gerade von den Unterarmen aus herabhängen. Um die optimale Schlagposition zu erreichen, steht die Schlägersohle etwas schräg zum Boden, damit der Schwung korrekt, kraftvoll und ungehindert vollzogen werden kann.

Manipulationen mit der Hand und dem Schlägerkopf meiden

Vor allem Anfänger beeinflussen unbewusst ihre Handgelenke, weil sie meinen, dass die gesamte Schlägersohle beim Ansprechen des Balls aufliegen muss. Dabei muss man sich übermäßig bemühen, die Hände in eine vernünftige und erfolgreiche Schlagposition zu bringen. Die Schlägerkopfgeschwindigkeit bleibt bei der manipulierten Haltung auf der Strecke.

Die perfekte Pose anstreben

Gerade nach abruptem Durchschwung fällt es vielen Golfern schwer, nach kraftvollem, aber kontrolliertem Schwung Arme und Körper synchron auslaufen zu lassen.

Deshalb stellen wir uns vor, am Schwungende für ein Foto stillzuhalten, und verharren mindestens zwei Sekunden in der Endposition. Dabei bleiben wir, wenn die *Balance* stimmt, mit dem Körpergewicht überwiegend auf dem linken Fuß, zum Ziel gewandt und die Hände über der linken Schulter. Das ist auch eine gute Stellung, um den Flug seines Drives bis zur Landung zu verfolgen.

Golfclub Starnberg, 15. Loch, Par 3

2. Kapitel: Chippen mit Gefühl

Präzision steht im Mittelpunkt

Jeder verfehlt mal das Grün. Im Gegensatz zum vollen Schwung verlangt ein *Chip* wenig Körpereinsatz, aber viel Vorstellungskraft, den Ball möglichst nahe an die Fahne zu chippen. Der Preis für Ungenauigkeit ist hoch: Schon zehn Prozent Abweichungen vom Schlagzentrum ergeben bei einem zwanzig Meter Chip einen Distanzverlust für den folgenden Putt von zwei Metern.

< Mancher legt beim Mini-Schlag den Handschuh ab, um den Schläger locker zu greifen und ein besseres Gefühl zu haben für die Geschwindigkeit und die Konturen des Grüns.

Zum Chippen eignen sich vier Griffe

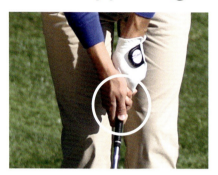

1. Der schwache Griff

Bei dieser Griffhaltung bleiben die Handgelenke in der Bewegung angenehm passiv und das Schlägerblatt zeigt erfreulich lange in Richtung Ziel.

2. Der starke Griff

Bei dieser Griffhaltung beschleunigen beide Hände das Schwungtempo, um einen knackigen Ballkontakt, meist in schlechter Spiellage, zu erreichen.

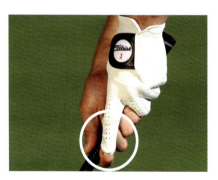

3. Der Chip mit Putt-Griff

Der Griff hält bei guter Spiellage die Schlagfläche in der Treffzone lange *square*. Aber nie tiefer am Schaft greifen, weil dann leicht gestoßen statt gependelt wird.

4. Der Zehn-Finger-Griff

Wenn keine Hindernisse im Weg liegen, eignet sich diese Griffvariante *(Zehnfinger-Griff)* für Chips, die gehörig viel Ball-Auslauf brauchen.

Den Schlag in Gedanken durchspielen

Der volle Chip

Die Arme schwingen in die 9-Uhr-Position. Gegen Ende des Rückschwungs beginnen die Handgelenke automatisch, sich ein wenig abzuwinkeln.

Gleichklang muss nicht sein

Der Weg im Durchschwung kann kürzer ausfallen als der Rückschwung – oder umgekehrt. Wer regelmäßig gute Chips macht, bleibt bei seiner eigenen Methode.

Der mittlere Chip

Die Weite des Rück- (8-Uhr-Position) und Durchschwungs kontrolliert die Chip-Länge. Sie hängt auch von der Beschleunigung im Treffbereich ab und nicht zuletzt vom Durchschwung.

Gleichklang für kurze Chips

Die Arme pendeln, wie beim Putten, mit dem Schläger in die 7-Uhr-Position. Hier sollte der Durchschwung möglichst ein Spiegelbild des Rückschwungs (mindestens 5 Uhr) sein.

Ein Lieblings-Wedge für alle Lagen

Einige kommen gut weg im kurzen Spiel, weil sie nur mit einem einzigen Schläger chippen. Selbst bei schnellen Grüns zahlt sich in ihren Augen die Treue zum vertrauten Lieblingsschläger aus. Sie finden es einfacher, nur mit einem *Wedge* umzugehen, als mit zwei, drei oder vier verschiedenen Eisen ungewohnte Chip-Schläge aus bis zu zwanzig, dreißig Metern zu machen. Es braucht nachweisbar viel Trainingsaufwand, um nur mit einem einzigen Schläger beim Chippen rund ums Grün immer erfolgreich zu sein.

Mehrere Wedges stehen zur Auswahl

Bei dem Mehr-Schläger-Spielmodell wird – ohne die Technik zu ändern – je nach Lage und Entfernung ein bestimmter Eisentyp nach seinem *Loft* (Schlagflächenneigung) ausgewählt. So erhält man mit dem gleichen Chip-Schwung den annähernd gleichen Spin, gleichen Flugbogen und Ball-Auslauf.

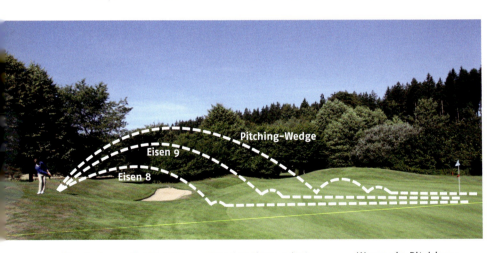

Für die lange Rollstrecke ist Eisen 8 die Idealbesetzung, wenn auf trockenem Boden der Ball beträchtlich weit ausrollen soll.

Nur das Eisen 9 hat diesen Effekt: Die erste Hälfte der Distanz fliegt der Ball, die zweite rollt der Ball aus.

Wenn ein Pitching-Wedge zum Zug kommen soll, reicht sein Loft aus, den Ball nach viel Flug auf dem Grün landen zu lassen.

Den Ball nah ans Loch platzieren

1. Der beste Landepunkt für den Ball ist immer satt auf dem Grün, nie zu nah am Rand, da er dort unberechenbar aufprallen kann.

2. Die Fahnenposition bildet bei der Auswahl des Schlägers die Grundlage. Nach ihr wird die „Gesamtstrecke der Chips in Prozentanteilen" in „Ball fliegt" und „Ball rollt" aufgeteilt.

3. Vor jedem Chip einen sicheren Landepunkt auf dem Grün anvisieren und versuchen, dem Ball möglichst durch ausreichende Rolllänge eine Chance zu geben, ins Loch zu fallen oder darüber hinauszukommen. Zu häufig fallen bei Anfängern und mittelprächtigen Handicap-Spielern die Chips zu kurz aus.

Durchschnittliche Verhaltensweise des jeweiligen Schlägers beim Chippen

Schlägertyp	Gesamtstrecke der Chips in Prozentanteilen	
	Ball fliegt	**Ball rollt**
Eisen 5*	15%	85%
Eisen 6*	25%	75%
Eisen 7	30%	70%
Eisen 8	40%	60%
Eisen 9	50%	50%
Pitching-Wedge	60%	40%
Sand-Wedge	75%	25%

*oder Hölzer/Hybride mit vergleichbarer Schlagflächenneigung

2. Kapitel: Chippen mit Gefühl

Bergab parallel zum Gefälle chippen

Schlagfläche nicht überdrehen

Bei einer kurz gesteckten *Fahnenposition*, wo der Ball in die Höhe schießen und schnell stoppen soll, stimmt der Einsatz eines *Sand-Wedges*. Der Schlägerkopf darf vor dem Ballkontakt nicht die Hände überholen, damit sich am Ende seine Spitze nicht verdreht. Vor jedem Chip ein, zwei Probeschläge machen. Diese geben auch in jeder Schräglage präzise den tiefsten Punkt des Schwungkreises preis, damit, wenn's zählt, der Schläger – der Ball liegt jetzt in einer wiederholbaren Position – auf der Linie zum Ziel geschwungen wird. Am Ende zeigt das rechte Knie in Zielrichtung.

Bergauf bleibt der Oberkörper ruhig

Ball schön flach halten

Sobald die Fahnen-Position tiefer im Grün steckt, setzt man für den kleinen Chip lieber Schläger mit weniger Schlagflächenneigung ein, zum Beispiel statt Pitching-Wedge ein Eisen 7, das lässt den Ball weit ausrollen. Der Schwung wird mit den Schultern gestartet und man schwingt den Schlägerkopf den leichten Hang entlang. Auf diese Weise sollte ein *Approach* (Annäherungsschlag) weder zu kurz noch zu lang werden.

So bleibt man Herr der Lage

Über den Bunker mit Schwung hoch hinaus

Der Ball wird mit dem Sand- oder *Lob-Wedge* zwischen Standmitte und rechtem Fuß gespielt. Das Gewicht liegt während des gesamten Chippens linksseitig. Dank des steilen Auftreffwinkels erhält der Ball genügend *Backspin*, „beißt" nach dem zweiten oder dritten Bodenkontakt und setzt seinen Weg zum Loch mit wenig Rollbewegung fort.

Auf dem Vorgrün gewinnt der kleine Chip

Der Chip mit *Hybrid* vom Grünrand erfordert eine geringere Körperbewegung als mit einem Wedge und bietet somit kaum Spielraum für Fehler. Als Erstes greift man kürzer, das erhöht die Kontrolle. Der linke Arm bleibt weitgehend gerade, aber nicht steif. Gut funktioniert das mit dem Pendelschwung, den Schultern und Arme kontrollieren. Da hopst der Ball kurz in die Luft und rollt und rollt.

Fahne raus oder drin lassen?

Gerade beim Chippen ums Grün fragen sich viele, ob sie – mit oder ohne Fahnenstock *(Pin)* – ins Loch spielen sollen. Laut umfangreicher Tests fallen knapp mehr Bälle ins Loch, wenn die Fahne steckt, weil der Ball mit ausrollender Geschwindigkeit gegen den Pin rollt und in die Lochhülse fällt. Allerdings prallen angriffslustig geschlagene Chipps leicht von der Fahnenstange ab und bleiben neben dem Loch liegen.

Der Chip im Ganzen

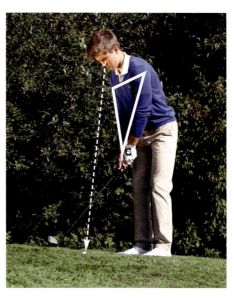

1. Der schmale Stand

Den Aufschwung beginnt man mit passiven Händen, Handgelenken und Armen. Die Arme bilden mit den Schultern ein Dreieck als Grundlinie für die Pendelbewegung.

2. Der ruhige Rückschwung

Die Länge des Rückschwungs hängt von der zu überwindenden Entfernung ab. Beim Abschwung sich nicht zurückhalten. Eher beschleunigen als bremsen. Der Schwung gerät mit den Schultern in Fahrt.

3. Der feste Durchschwung

Gestreckte Arme führen den Schläger tief am Boden auf der Ziellinie entlang. Die Hände sind vor dem Schlägerkopf und bleiben dort im Chip-Verlauf. Den Kopf hält man lange nach dem Ballkontakt unten, bis der Ball mit verlässlicher Höhe und Länge sicher unterwegs ist.

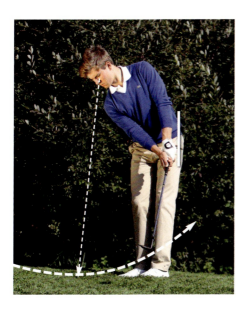

4. Das standhafte Chip-Ende

Mit einer kleinen Drehung beim Auspendeln ist die Hüfte zur Seite geschoben. Der Durchschwung entspricht hier nicht der Länge des Rückschwungs.

Gute Chips sind Gefühlssache. Nur eins sollte am Ende feststehen: Man hält die Finish-Position zwei, drei Sekunden.

2. Kapitel: Üben, probieren – besser werden

Das Training für bessere Chips

Bogey-Golfer brauchen im Schnitt 90 Schläge auf einer 18-Loch-Runde. Sie treffen dabei zwei, drei *Grüns* in Regulation. *Tour*-Pros verfehlen im Schnitt ein Drittel der Grüns. Dennoch schaffen sie meist noch ein *Par*.

Gute Golfer üben auf dem *Chipping-Green* ungemein viel *Ups-and-downs* (ein Chip – ein Putt). Wir schauen ihnen über die Schulter und eifern ihnen nach. Ganz nach dem Motto: Chip – Putt: Hurra!

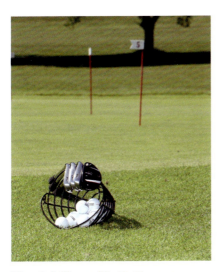 

Vier Schläger für Rettungseinsätze um das Grün

Um sich zu verbessern, sollte man vor allem mit Schlägern trainieren, die einem nicht so liegen. Schließlich bringt jeder Schläger einen anderen Schlag hervor. Um sein Gefühl für Entfernungen zu verfeinern, spielt man immer von einer Stelle auf eine freie Fläche. Vor jedem Chip stellt man sich ein Zifferblatt vor. Imaginäres Training nach der Uhr, mit unterschiedlichen Schlägern, hilft – ohne die Schwunggeschwindigkeit zu verändern –, den Ball unterschiedlich hoch und weit zu schlagen.

Gute Spiellage, schlechte Spiellage

Um herauszufinden, wie der Ball nach dem Auftreffen auf dem Grün reagiert, hilft es, seine Chips mal aus schöner *Fairway*-Lage und mal von kahler Rasenfläche zu schlagen. Dieses wechselhafte Spielen zwingt uns ständig, die Ballansprachen zu verändern und die Schläger auszutauschen.

Eisen 8 wird in guter Lage, ein Pitching-Wedge aus der gleichen Entfernung in schlechter Lage verwendet. Im Normalfall ist der Rückschwung so lang wie der Durchschwung.

2. Kapitel: Üben, probieren – besser werden

Gut: Der feste Handgelenkeinsatz

Das Wort „fest" ist in dem Zusammenhang nicht übertrieben aufzufassen. Passiv sollen die Handgelenke eingreifen und den Wedge die Ziellinie entlangschwingen. Durch die Schlägerblattneigung (Loft) kommt der Ball mühelos in die Luft. Unterstützt von der Wölbung, die sich an der Unterseite des Schlägers befindet, auch *Bounce* genannt. Die zwei Details, Loft und Bounce, sind perfekt geeignet, den Ball schnell und sicher in die Luft zu befördern und das Chippen leichter zu machen.

Zum Abgewöhnen: Gekippte Handgelenke unterlassen

Mit abgeknicktem Handgelenkeinsatz liegt man daneben. Ein übertrieben abgewinkeltes, linkes Handgelenk führt zu missratenen Chips: Schlechter Ballkontakt lässt Chips kaum hoch in die Luft bringen und die Längen unterschiedlich ausgehen. Man sollte sich auf den Loft seiner Wedge verlassen, er genügt, um den Ball in jede erforderliche Höhe zu bringen. Nie dem Hang zum Löffeln nachgeben. Der Ball kann nicht clean, beim tiefsten Punkt des Schwungbogens, getroffen werden.

Gut: Sicherer ist ein kurzer Ballflug mit langem Auslauf

Viel einfacher fällt der Chip aus, wenn man ein Pitching-Wedge oder Eisen 9 nimmt und der Landepunkt (Schlägertuch) nur einen Meter vom Grünrand entfernt liegt. Nach zehn Versuchen spricht das Resultat Bände. Die Sprungrichtung des kurzen Ballflugs lässt sich viel leichter einschätzen. Zudem liegt es auf der Hand: Ein kurzer Ballflug, verbunden mit weniger Schwung holen, ist einfacher zu kontrollieren, als ein langer Flug.

Zum Abgewöhnen: Hoch und weit wollen birgt Gefahren

Wenn man einen Ball im hohen Bogen möglichst nahe ans Loch wirft, merkt man schnell, wie schwer es wird, den vorher festgelegten Landepunkt, ein Schlägertuch, zu treffen. Genauso verhält es sich bei Chips mit extrem hoher Flugkurve. Um das zu beweisen, macht man am besten einen Test. Man chippt mit der Lob-Wedge zehn hohe Bälle ans Schlägertuch und zählt häufig weniger Treffer als beim näher gelegenen Ziel.

2. Kapitel: Üben, probieren – besser werden

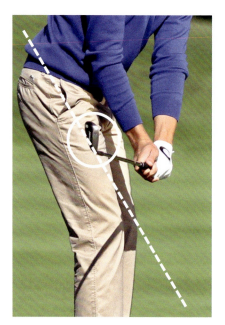 

Gut: Den Oberkörper drehen und Handgelenke abwinkeln

Auf einer steilen *Schwungebene* folgen Arme und Hände der Bewegung zum Rückschwung. Ruhig dreht sich der Oberkörper zum Ziel hin mit. Die Handgelenke sind ein wenig abgewinkelt. Beste Voraussetzungen, damit die Hände, der Loft und die Schlägerblattausrichtung wieder so an den Ball kommen, wie sie beim Ansprechen waren.

Zum Abgewöhnen: Nicht den Schläger nach innen führen

Bei Chips ist es verführerisch, den Körper zu blockieren und nur einen kleinen Schwung aus den Armen zu machen. Zu stark kippt der Schlägerkopf nach innen weg. Das führt leicht zum Überrollen der Handgelenke im Treffmoment. *Release*, das natürliche Drehen der Handgelenke im Durchschwung, ist beim Chippen fehl am Platze. Der Ball fliegt flach oder unkontrolliert übers Grün hinaus.

 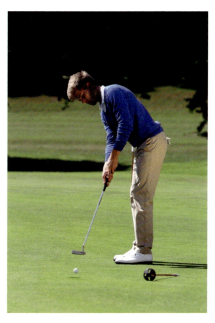

Die Up-and-down-Übung mit Punktlandung starten

Zunächst wird auf dem Chipping-Grün jeder Chip visualisiert: Die Neigung des Grüns und die Balllage herausfinden, den Landeplatz des Balls unter Berücksichtigung möglicher Breaks aussuchen und dann loslegen. Damit der Chip funktioniert, bleiben im Rück- und Durchschwung die Handgelenke möglichst passiv.

Das Loch immer fertig spielen für den Ernstfall

Wie auf dem echten Grün, wird beim Putten das Fähnchen rausgezogen. Den Putt wie auf dem Golfplatz im *Lochwettspiel* oder im Turnier lesen, *Breaks* festlegen und jedes *Loch* konsequent zu Ende spielen. Im Idealfall sind die Augen genau über dem Ball. Chip-Putt: Hurra!

Golfclub Starnberg, 18. Loch, Par 5

Mit Absicht hoch hinaus

Der *Pitch* ist eine verkürzte Version des vollständigen Schlags. Der Ball fliegt mit den speziellen *Wedges* sehr hoch. Doch selten liegt der Ball so gut bereit, um ihn exakt in „gewohnter Pitch-Länge" aufs Grün spielen zu können. Von dreiviertel und halben Schlägen mit kurzen Eisen haben viele Amateure nur eine grobe Vorstellung. Um – variabel und kontrolliert – das Verhalten von Annäherungsschlägen aus achtzig bis zwanzig Metern in den Griff zu kriegen, befassen wir uns mit unterschiedlichen Balllagen, Flugbahnen und dem Ausrollen des Balls auf dem Grün.

< Bühne frei für kurze Eisen: Vor dem Pitch stellt man sich im Geiste vor, wie der Ball im hohen Bogen zur Fahne fliegt und auf dem Grün landet. Der letzte Blick gilt der Fahne, nie dem Wasser.

Die Balllage beeinflusst die Flugkurve

1. Hohe Flugbahn

Je mehr man seine Schlagfläche öffnet, die Füße nach links und das Schlägerblatt nach rechts ausrichtet, desto höher und kürzer fliegt der Ball. Der Schwung läuft ein wenig von außen nach innen. Hohe Bälle hart schlagen, sonst geht Weite verloren.

2. Mittlere Flugbahn

Diese Ansprechstellung bringt uns am besten in Fahrt für eine „normale Flugbahn" mit dem Wedge. Wir stehen leicht offen. Schultern und Schlägerblatt sind parallel zur Ziellinie ausgerichtet. Beim Abschwung geht es vor den Zehen entlang.

3. Flache Flugbahn

Der Großteil des Gewichts lagert während des gesamten Schwungs auf der linken Seite. Man setzt kaum Handgelenke ein. Beim Ab- und Durchschwingen dreht man den Körper.

Volle Wedge-Schläge wählen

Dreiviertel- oder halbe Schwünge lassen sich viel schwerer dosieren als volle Schläge. Auf Grund dieser Tatsache hilft es, die eigene Durchschnittsweite – voll geschwungen – zu kennen. Ohne Roll, denn der ist je nach Golfplatzanlage, Wetter und Jahreszeit unterschiedlich.

Pitching-Wedge-Einsatz nach Schlaggefühl

Es braucht Mut, mit geöffnetem *Pitching-Wedge*-Schlägerblatt einen Schlag, hoch und weich, zu spielen. Man schwingt auf der *Ziellinie* mehr als sonst von außen nach innen. Die Füße und die Schlagrichtung weisen unterschiedliche Richtungen auf.

Sand-Wedge-Einsatz ist square einfacher

Die Schlagfläche des *Sand-Wedges* wird, wie die Fußstellung, parallel zum Ziel ausgerichtet. Die vorgesehene Entfernung ist – voll geschwungen – „sicherer" erreichbar. Die Aussicht, dass der Ball mit square gestelltem Schlägerblatt aus der Richtung gerät, wird so geringer.

3. Kapitel: Pitchen auf verschiedene Weise

Schlagweiten wie im Stundentakt

Gleichklang im Rückschwung ...

Es hilft, sich seine Schlagweiten im Stundentakt vorzustellen und über die Länge des Rückschwungs, 9 Uhr, konstant zu halten.

... und im Durchschwung

Der Durchschwung als Spiegelbild des Rückschwungs kontrolliert die Entfernung von halben Schlägen durch die Haltung der Arme auf 3 Uhr.

Kontrolle der Distanz ...

Die Schlagweite des Dreiviertelschwungs wird durch die 10-Uhr-Position im Rückschwung eingestellt. Von da folgt der Durchschwung.

... über Rückschwung

Die Schlagweite des vollen Pitch-Schlags erfolgt am Wendepunkt durch die 11-Uhr-Position. Im Abschwung nie seitlich schwanken!

Für konstante Entfernungen: Mehr Körperdrehung, weniger Handeinsatz

Wichtig beim Pitchen: Je kürzer die Entfernung, desto näher steht man zum Golfball und umso mehr rücken unsere Füße im Stand zusammen. Den Griff fasst man so an, dass man das Gewicht des ganzen Schlägerkopfs während des Schwungs fühlen kann. Wie aufgezogen bewegen sich Hände, Arme, Schultern und Hüften synchron vom Ball weg. Nach dem Spannfederprinzip entwickelt man ausreichend Schwungenergie für den Schlägerkopf. Ein konstanter Rückenwinkel ist erheblich, um die Balance in der sekundenschnellen Pitch-Bewegung zu halten. Der größte Kraftaufwand wird aus den großen Muskeln, wie der Schulterdrehung beim Drive und den Hebelkräften der Handgelenke und Arme, generiert. Das ist der ausschlaggebende Punkt für den guten Umgang mit kurzen Eisen.

Die Fahnenposition entscheidet über die Flugbahn und das Ausrollen

Beim Pitch den Ball möglichst als Hoch- oder Tiefschlag zum Loch rollen lassen, anstatt zu versuchen, ihn direkt im Flug ans Loch zu platzieren.

Kleine Divotologie für konstante Weiten

Am besten sollte man immer nach einem Pitch ein gleichmäßiges Rasenstück herausschlagen, das vom Anfang bis zum Ende möglichst dieselbe Tiefe aufweist. So lässt sich die Schlagdistanz und der Ballspin kontrollieren.

Der schwungvolle Damen-Pitch

Man stellt sicher, dass der tiefste Punkt des Schwungbogens an der Stelle ist, wo der Eisenkopf beim tatsächlichen Schlag erst den Boden erreicht, nachdem er die Ballposition passiert hat. Die *Etikette* bei *Divots* wird in den Clubs unterschiedlich gehandhabt. Manche wünschen, das Rasenstück zurückzulegen und festzutreten, oder die Divot-Mulde mit Grassamen und Erde aufzufüllen.

Der schlagkräftige Männer-Pitch

Die Qualität des Schlags hängt nicht allein vom Herausschlagen eines fetten Riesenschnitzels ab. Das Wedge, voll geschwungen, hat ein dünnes Rasenstück in ganzer Schlägerkopfbreite rausgehauen, nachdem es den Ball in der Abwärtsbewegung exakt getroffen hat. Der Schlägerkopf ist auf der Ziellinie von innen nach innen geschwungen worden. Der Ball hat *Backspin* und rollt kaum aus.

Aus den Schlagspuren Schlüsse ziehen

Fehlschlag von innen

Häufig entsteht so eine Mulde durch eine Schwungbahn von innen nach außen. Eine Neigung zum steilen Schwung vergrößert die Gefahr, dass der Schlag nach rechts geht.

Fehlschlag von außen

Das Divot wird zur Spitze hin tief, es wurde verursacht durch einen Schwungweg von außen nach innen. Auslöser sind meist überaktive Hände, die den Ball dünn oder fett treffen.

Gute Divots vor Probeschwung

Bringt es was, nach dem Übungsschwung seine Divot-Spur zu lesen? Ja! Man stellt vor dem Schlag sicher, dass der tiefste Punkt des Schwungbogens an der Stelle ist, wo der Eisenkopf erst den Boden erreicht, nachdem er die Ballposition passiert hat.

Schlag aus der Divot-Mulde

Um solchen Situationen selbstbewusst zu begegnen, schlägt man mit viel Loft steil zum Ball hinab und erzeugt ein weiteres Divot. Mit dem Gefühl, als würde man den Ball in den Boden pressen. Aber keine Angst – er fliegt flach heraus und wird weit ausrollen.

Der präzise Pitch-Schlag

1. Aus der Hüfte beugen

Der Griff wird kürzer gefasst, das erhöht entscheidend die Schlagkontrolle beim vollen Pitch-Schwung. Je mehr der Kopf still hält, desto besser wird der Ball getroffen.

2. Die Schlagfläche öffnen

Auf halbem Schwung zum Wendepunkt winkeln die Handgelenke automatisch ab, so kommen die Hebelkräfte optimal zur Entfaltung.

3. Den Schlägerkopf weiter beschleunigen

Der Schwung endet nie im Treffmoment. Er ist auch noch schnell, wenn der Ball längst Richtung *Grün* fliegt.

4. Nicht zu früh aufrichten

Durch die Drehung des Rumpfs bleibt der Ball konstanter in der Flugbahn, als wenn nur die Arme schwingen.

Das Training für hohe Schläge

Um möglichst wirklichkeitsnah zu trainieren, spielt man unterschiedliche Schläge von verschiedenen Punkten ums *Pitching-Grün* herum. Mal fliegt der Ball hoch und mal niedriger zur Fahne, oder noch besser ins Loch. Je nachdem, wie viel Grün zum „Arbeiten" vorhanden ist, legt man vor seinem geistigen Auge die Flugbahn, den Landepunkt und das Ausrollen des Balls fest. Nur so lernt man, mit den verschiedenen Schlagdistanzen fertigzuwerden und unter Druck im Kopf flexibel zu bleiben.

Hohe Schläge häufig variabel trainieren. Auf keinen Fall nur von einer Stelle viele Bälle auf eine bestimmte Fahnenposition pitchen. Das ist keine Kunst, irgendwann immer relativ nahe am Ziel dran zu sein.

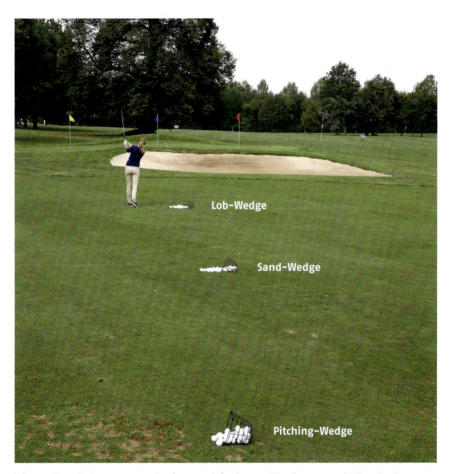

Ein voller Schwung – drei verschiedene Wedges und Flugbahnen

Um seine Distanzen herauszufinden und die Flugbahn des Balls zu kontrollieren, muss man lernen, diese unter Druck abrufen zu können. Wir schlagen zum Start ein *Lob-Wedge*, dann ein *Sand-Wedge* und zum Schluss das *Pitching-Wedge*. Wer die Schläge verkürzen will, greift bekanntermaßen den Schläger weiter unten.

Um den Ball flacher zu spielen, wird er mehr vom rechten Fuß gespielt und der Schaft nach vorn zum Ziel abgewinkelt. Um den Ball höher zu schlagen, spielen wir ihn mehr vom linken Fuß. Welche Variante einem liegt, findet man am besten beim Üben – das Schwungtempo konstant und gleichmäßig halten – heraus.

Die Dominanz der Arme brechen

Meistens versucht man, sich bei halben Schwüngen ganz auf seine Arme zu konzentrieren. Dabei wird man oft im Schwung langsamer aus Angst, der Ball könnte weiter als gedacht fliegen.

Die Vorstellung, den Schlag überwiegend mit den Armen zu steuern, vergessen wir. Wir wollen die Entfernung mit einer ruhigen Körperbewegung und schwungvoller Beschleunigung des Schlägerkopfs kontrollieren.

Gut ist folgende Übung für halbe Wedgeschläge. Wir sprechen den Ball an, nehmen den rechten Fuß nach hinten und stellen ihn auf die Zehen. Die Haltung zwingt uns zu einer Körperdrehung ums linke Bein. Erstaunlich, wie gut der Ballkontakt auf diese Weise ausfällt.

Nun forcieren wir das Ganze noch und siehe da: Je schneller wir den Oberkörper drehen, desto höher und weiter fliegt der Ball.

Handgelenke ruhig halten und die Konstanz verbessern

Die Wahrscheinlichkeit, den Ball *dünn* oder *fett* zu schlagen, ist am höchsten, wenn man das zu vermeiden sucht. Ein Schuss Unbekümmertheit hilft. Ob fett oder dünn, der Ball sollte vor dem tiefsten Punkt des Schwungbogens getroffen werden. Aus diesem Grund lässt man am besten die Schwerkraft des Schlägers arbeiten. Man braucht nur entspannt zu greifen, um das Gewicht des Schlägerkopfs im *Rück- und Durchschwung* zu spüren.

Gut: Die Handgelenke bleiben im Schwung passiv

Die knickfreie *Zählkarte* auf dem Foto belegt, dass die Handgelenke sich nicht im Schwungbogen abgewinkelt haben und der Schwung sich wie ein „natürliches" Scharnier anfühlte.

Zum Abgewöhnen: Übertriebener Handgelenkeinsatz

Die eingeknickte Zählkarte und eingeknickte Hand- und Armstellung reduzieren den Schwungkreis erheblich. Es besteht höchste Gefahr, beim Schlag den Ball zu toppen.

3. Kapitel: Üben, probieren – besser werden

Im Rückschwung anhalten

Um zu prüfen, ob wir in einer steilen *Schwungebene* liegen, drehen wir uns fast bis zum Schwungwendepunkt auf, halten an, lockern den Griff und lassen den Schlägerkopf hinunterfallen.

Den Griff rutschen lassen

Gleitet das Griffende zuerst hinab, liegen wir richtig. Kippt aber der Schlägerkopf vorher weg, schwingen wir zweifelsfrei zu flach, was beim Schlag mit *kurzen Eisen* einen Fehlschuss zur Folge hat.

Linke Ferse am Boden lassen oder anheben?

Das Gewicht liegt vom Start weg bis zum Rückschwung auf den Fußballen. Viele Pros halten ihre linke Ferse bei Wedge-Schlägen wegen der Präzision unten und schwingen weniger auf. Nur bei weiten Schlägen heben sie die Ferse und parken danach wieder in der ursprünglichen Position. Auch gewichtige Spieler und Oldies heben gern ihre linke Ferse vom Boden. Im Idealfall erreichen sie so mehr Körperdrehung, vor allem bei langen Schlägen.

Die rechte Ferse tanzt aus der Reihe

Es ist ratsam, die Beine weitgehend ruhig zu halten. Man erreicht das gut im Schwung, indem man die rechte Ferse so lange am Boden lässt, bis der Ball in der Luft ist. Erst nach vollzogenem Schlag steht der rechte Fuß am Ende stramm auf den Zehen. Das Gewicht liegt hauptsächlich auf der linken Körperseite.

Golfclub Starnberg, 6. Loch, Par 4

4. Kapitel: Bunkerspiele leicht gemacht

Mit Köpfchen aus dem Sand

Der Sandschlag ums Grün ist der einzige Golfschlag, bei dem der Ball nicht direkt getroffen wird. Die Angst vor Bunkerschlägen ist völlig überflüssig. Man muss nur das richtige Werkzeug einsetzen. Ein Sand-Eisen ist an der Sohle anders geformt als die anderen Schläger in der Golftasche. Das *Sand-Wedge* hat beim Schlagen eine Steuerfunktion, die die mitgenommene Sandmenge bestimmt. Das relativ hohe Gewicht des Eisens gleitet durch den Sand und unter dem Ball hindurch und hebt ihn wie auf einem Samtkissen weg. Um die Bunkerangst zu beseitigen, betrachtet man den Sandschlag am besten als einen kontrollierten „fetten Schlag".

< Kein Ballkontakt im Sand, aber eine kleine Explosion. Der Ball schießt, ohne vom Schläger direkt berührt zu werden, mit Sand und Wucht heraus, fliegt hoch und landet sanft direkt auf dem Grün.

Ein Schlaginstrument zum Hinhören

Um vorhandene Bunkerangst zu beseitigen, betrachten wir erstmal wohlwollend die einzigartige Kopfform des Sand-Eisens. Sie verursacht bei unterschiedlichen Sandsorten unterschiedliche Geräusche. Beim gelungenen Standard-Schlag aus dem Sandbunker rund ums Grün entsteht ein dumpfer Ton, der alle gelungenen Sandschläge auszeichnet.

Das Sand-Wedge gleitet

Ballkontakt ist hier unerwünscht. Die breite Schlägersohle verhindert das Eingraben. Das Ganze bewirkt die tief liegende Hinterkante, die zuerst in den Sand eintauchen soll.

Das Pitching-Wedge gräbt

Das Eisen hat im Sandbunker ums Grün nichts zu suchen. Seine scharfe Vorderkante der Schlägersohle gräbt sich im Treffbereich tief in den Sand ein und der *Schlag* wird zu fett.

Die Sandanalyse korrekt ausführen

Bevor man einen neuen Platz spielt, analysiert man den Sand. Natürlich nicht mit den Fingern während der Runde, das gibt Strafschläge. Man kann schon am Einschlag des Balls die Art des Sands erkennen. Oder man kann die Füße etwas eingraben, um ein Gefühl für die Konsistenz des Sands zu erlangen. Aber niemals den Schläger hinter dem Ball aufsetzen. Der Sand darf keinesfalls, auch nicht im Rückschwung, berührt werden.

Feine Unterschiede im Spiel erkennen

Weicher Sand

Der Schlägerkopf gleitet unter dem Ball hindurch und macht viel Wirbel. Die Schlagfläche bleibt im Treffbereich offen und hinterlässt eine breite *Divot*spur im Sandbunker ums Grün.

Fester Sand

Beim festen Sand liegt der Treffpunkt näher zum Ball. Die Schlagfläche ist weit geöffnet und die *Schwungebene* ist steiler, weil man tiefer unter dem Ball durchschwingt.

Trockener Sand

Das *Sand-Wedge* soll sechs bis zehn Zentimeter hinter dem Ball in den Sand eintauchen. Pulversand verlangt eine flache Schwungweise, damit die spezielle Schlägersohle ungehemmt unter dem Ball durchgeht.

Feuchter Sand

Um den Ball „sicher" über die Bunkerkante zu schlagen, muss man genügend Schlägerblattneigung *(Loft)* berücksichtigen. Gefühlsmäßig hilft es, immer einen Schläger kürzer einzusetzen (z. B. E 9, statt E 8).

Viel Sand beim Schlagen mitnehmen

Kein Grund, beim Spiegelei zu hadern

Der Ball hat nach dem Aufschlag einen Krater hinterlassen und bleibt mittendrin im feinen, feuchten Sandbett liegen. Beim sogenannten Spiegelei gibt es nur eine Möglichkeit, ohne Risiko mit dem nächsten Schlag rauszukommen. Die Schlagfläche square zum Ziel ausrichten und dann kräftig den Schlägerkopf steil nach oben und wieder hinabschwingen. Der Ball wird etwas fliegen und viel ausrollen.

Auf Anhieb raus aus dem Sandbunker

Mit dem offenen Eisenblatt zu nah am Feuer?

Der Ball liegt vor der linken Ferseninnenseite. Trifft man den Sand zu nah am Ball, tendiert er dazu, hoch und weit nach rechts auszurollen. Wenn wir dicht hinter dem Ball in den Sand hineinschlagen und zu wenig Sand erwischen, fliegt der Ball weiter und stoppt nach der Landung schnell, weil er sehr viel *Backspin* bekommen hat. Das mag zwar gekonnt aussehen, aber die Gefahr wächst, den Ball *dünn* zu treffen und danach in eine noch schlechtere Lage zu geraten.

Wenn wir vom Ball weiter weg in den Sand hineinschlagen, fliegt er zwar nicht so weit, hat weniger Backspin, einen flachen Ballflug und sehr viel Nachlauf. Der Schlag ist angebracht, wenn die *Fahne* hinten steckt.

Alternativschläge aufs Grün

Kurzer Bunkerschlag – kein Ballkontakt!

Ein *Explosionsschlag* muss her. Zuerst die Füße eingraben, um stabil zu stehen. Dann wird mit viel Schwung, steil von außen nach innen auf der *Ziellinie* in den Sand, ein paar Zentimeter hinter dem Ball, geschlagen. Dabei dreht sich der Oberkörper vollständig zum Ziel.

Weiter Bunkerschlag – ein Ballkontakt!

Auf steinhartem, nassem Untergrund gelingt es kaum, die Füße einzugraben. Bei der Überwindung von einer Entfernung ab fünfundzwanzig Metern erweist ein *Pitching-Wedge* häufig bessere Dienste als ein Sand-Eisen. Um den Ball sauber zu erfassen, schwingt man den Schläger mehr mit Armen und Schultern, der Unterkörper wird weitgehend stabil gehalten. Es gilt, den Ball steil und kräftig zu schlagen, dass die Sandklumpen nur so herausfliegen.

Ballkontakte im Fairway-Bunker

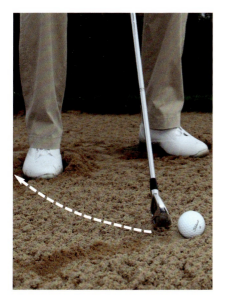

Der Sandschlag spielt sich wie auf dem Rasen

Wenn mehr Entfernung überbrückt werden muss, spielt man den Ball knapp hinter der Standmitte. Beim Ansprechen des Balls oder beim Rückschwung nicht den Sand berühren – andernfalls handelt man sich Strafschläge ein. Der Erfolg des Dreiviertel-Schwungs hängt von der Qualität des Kontakts zwischen Schläger (Eisen 6) und Ball ab. Dabei stellt man sich den voraussichtlichen Ballflug vor, um sicher zu sein, den Bunkerrand zuverlässig überwinden zu können.

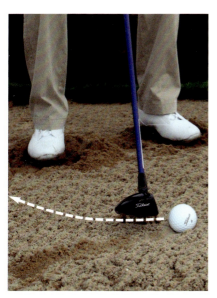

Bewusst den Ball toppen, um Meter zu machen

Wenn notwendigerweise mehr Weite erreicht werden muss, der Ball nicht zu dicht an der Bunkerkante liegt, setzt man am besten ein *Hybrid* oder *Holz* ein. Die breite Schlägersohle macht es leichter, sicherer über den Sand zu gleiten, als ein scharfkantiges Eisen, das sich leicht eingräbt. Um fette Schläge auszuschließen, stellt man sich vor, dass der Ball auf einer dünnen Eisplatte liegt, die nicht getroffen werden darf.

Sandschläge aus der Schräge

Der Ball liegt oberhalb der Füße

Die Länge des Rückschwungs und des Schwungauslaufs bestimmen die Weite des Schlags. Als Erstes muss man sich klein machen, die Knie beugen und den Schläger kurz fassen.

Die Füße nur geringfügig eingraben und sich nach rechts vom Ziel ausrichten, weil tendenziell der Ball nach links vom Ziel fliegen wird.

Der Ball liegt unterhalb der Füße

Nur ein ruhiger Kopf bringt den Erfolg. Wenn man ihn nicht still halten kann, während man den Schläger auf- und abwärts bewegt, wird der Ball *dünn* oder *fett getroffen*. Schläger am Ende des Griffs fassen und einen breiten Stand einnehmen. Sich nach links vom Ziel ausrichten. Die Füße bleiben fest am Boden. Tendenziell wird der Ball nach rechts vom Ziel fliegen.

Der Ball liegt hangaufwärts

1. Die Ballansprache

In ansteigender Lage muss das Gewicht mehr auf dem rechten Bein sein. Vor allem den linken Fuß eingraben. Zudem wird das rechte Knie stärker gebeugt, damit Hüften und Schultern möglichst parallel zur Schräge stehen.

2. Der Rückschwung

Der Schlägerkopf wird flach nach hinten geführt und schwingt mit ebenfalls flachem Angriffswinkel wieder nach unten. Niemals in den Hang hineinschlagen. Wenn das dennoch passiert, hat man sich im Schwung aufgerichtet.

3. Der Treffbereich

Der Schlägerkopf gleitet, geführt von einer konstant linken Armbewegung, natürlich durch die Fliehkräfte gestreckt, unter dem Ball hindurch. Der Ball fliegt kürzer als in vergleichbarer Entfernung.

4. Der Schwungauslauf

Erst gegen Schwungende kommt die rechte Hand zum Vorschein. Sie hatte hier nie eine Chance, überaktiv einzugreifen, den Ball zu löffeln, eine tiefe Spur in den Sand zu ziehen und den Schlag zu bremsen.

Der Ball liegt hangabwärts

1. Der Rückschwung

Möglichst viel den linken Fuß eingraben. Die Wirbelsäule steht annähernd im rechten Winkel zum Hang. Vor dem Schlag mit Probeschlag in Zeitlupe prüfen, ob man sich nicht an der Hinterkante verfangen könnte.

2. Der Abschwung

Auf steiler Schwungebene folgt der beschleunigte Schlägerkopf dem Hang. Das rechte Knie knickt mehr als sonst zum Ball hin ein.

3. Der Treffbereich

Priorität ist in dieser Phase, das Schlägerblatt durch den Sand zu beschleunigen. Der Zielpunkt für den Schlägerkopf sollte immer eine Stelle hinter dem Ball sein, die keinen neuen Ärger verursacht und dem flacher fliegenden Ball genügend Auslauf auf dem Grün einräumt.

4. Der Durchschwung

Nachdem der Schlägerkopf im kurzen, tiefen Schwungauslauf durch die gesamte Treffzone geschwungen ist, hilft es manchmal, im vollen Durchschwung bei starker Schräglage einen Schritt nach vorn zu machen.

Der Standardschlag

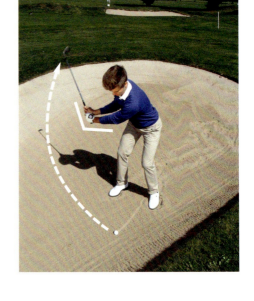

1. Mit Schwung zum Wendepunkt

Der Ball liegt ziemlich flach im Sandbett. Die Hände müssen im Aufschwung mindestens auf Hüfthöhe gehen, um genügend Schwung zu erreichen, für beispielsweise eine Distanz von zehn Metern.

2. Der beherzte Abschwung

Die Hände liegen im vollen Rückschwung auf Kopfhöhe für eine Schlagweite um die 15 Meter. Ein Punkt, rund fünf Zentimeter hinter dem Ball, wird für den Einschlag fixiert. Das Gewicht ist auf beide Füße verteilt.

3. Der weite Schwungbogen

Die Hände bleiben in der gesamten Treffzone vor dem Ball. Die Beschleunigungswerte sind immer konstant.

4. Der ausgewogene Schwungauslauf

Die Schultern werden nur geringfügig gedreht. Die Hände liegen am Ende auf Hüfthöhe, bleiben niemals tiefer unten. Die Länge des Rückschwungs und des Schwungauslaufs bestimmen die Schlagweite.

Das Training für Bunkerschläge

Der Trainingsbunker ist oft der ruhigste Ort im Golfclub. Viele sehen Üben im Sand als entmutigend an, weil schlecht getroffene Bälle meist einen weiteren, noch schwereren Bunkerschlag nach sich ziehen. Ein Körbchen Driving-Range-Bälle bewirkt oft Wunder.

Blockaden, die normalerweise beim Betreten des Bunkers vorhanden sind, verschwinden, wenn man seine Erwartungen nicht zu hoch schraubt und im Sandhindernis vielseitig und abwechslungsreich trainiert. Öfter mal an mehreren Tagen zehn bis fünfzehn Minuten zu üben, bringt mehr, als eine Stunde am Stück Bälle aus dem Sand zu prügeln.

Sound-Check im Sand

Man spielt die Bälle zügig nacheinander. Bei der Übung heißt es, sich ganz aufs Schlagen durch den Sand hinweg zu konzentrieren. Man visiert dabei einen Punkt, etwa drei bis sechs Zentimeter hinter dem Ball, an. Im Durchschwung bleibt die Neigung der Wirbelsäule genauso wie bei der Ballansprache. Bei jedem Schwung achtet man aufs Schlaggeräusch. Schnell merkt man, dass der Kontakt längst nicht so exakt erfolgen muss, wie bei Schlägen vom Fairway-Rasen. Dort ist die Fehlertoleranz geringer. Dabei stellt man rasch fest, wenn man dichter hinter den Ball schlägt, fliegt er weiter und bekommt mehr Spin. Wenn man etwas weiter hinten hineinschlägt, fliegt der Ball nicht so weit, rollt aber länger aus. Bitte niemals vergessen: Nach jedem Schlag im Bunker, auch im Trainingsbunker, die Spuren im Sand mit der bereitliegenden Harke beseitigen.

Ohne Schweißausbrüche den Ball vom Sandhaufen schlagen

Der Eintreffpunkt liegt unterhalb der Erhebung. Ihn verlieren wir nicht aus den Augen. Halten die Handgelenke passiv, so fällt ein Löffeln des Balls im Treffbereich flach.

Im Treffmoment zeigen die Arme Stärke, sie knicken nicht vor lauter Angst ein. Nie zum Ball hacken, immer, je nach Schlagweite, bis zum Ende durchschwingen.

Erst mal ohne Ball zwei Sandmulden schlagen

Zu Beginn zieht man eine Hilfslinie, eine Handbreit gegenüber der linken Ferse, in den Sand. Sie entspricht exakt der normalen Ballposition beim Ansprechen des Schlägers. Jetzt schwingt man ohne Ball und schlägt *Divots*, die möglichst vor der Linie beginnen. Beginnt das Divot bereits viel zu weit vor der Linie, wäre der Ball *fett* getroffen. Gelingt es, in Serie gute Sand-Divots rauszuhauen, wird aufs Schlagen mit Ball umgestellt.

4. Kapitel: Üben, probieren – besser werden

Einhändig ein gutes Gefühl für den Eisenkopf erwerben

Bunkerschläge allein mit der rechten Hand am unteren Griffende, wie bei der üblichen Griffhaltung, haben es in sich. Rechte Hand abwinkeln, dann die rechte Hand hinüberdrehen. Einfach das Gefühl vom Pitch-Schlag kopieren. Der Ball wird immer aus dem Bunker rausfliegen. Im ersten Moment scheint es nicht möglich, doch schon nach wenigen Schlägen spürt man, wie einfach sich die Schlagfläche im Verlauf des Schwungs durch den Sand führen lässt. Die Sohle des Sand-Wedges macht, wofür sie gebaut ist: Sie gleitet unter den Ball und befördert ihn auf einem Sandkissen aus dem Bunker. Diese Übung hilft, den Ball nicht zu schieben, sondern schwungvoll durch den Sand zu schlagen.

Schwacher Griff – kurze Schlagweiten?

Die linke Hand greift schwächer, um der rechten Hand mehr Einfluss zu geben. Bei kurzen Bunkerschlägen macht man sich klein, beugt die Knie und greift kürzer.

Starker Griff – weite Schlagweiten?

Wenn man mit starkem Griff gute Resultate erzielt, wäre es fahrlässig, daran zu drehen. Hauptsache, es wird durch den Sand beschleunigt und man kommt gut in die Endstellung.

Sich Zeit nehmen für unbequeme Schlagweiten

Distanzen von zwanzig bis dreißig Metern hat man selten im Spiel. Beim Schlag aus der unbequemen Distanz neigt man dazu, den Bunkerschlag zu steil auszuführen. Der Ball bleibt dann viel zu kurz. Beim Training zieht man eine Hilfslinie in den Sand, die genau zum Ziel hinweist.

5. Kapitel: Das Finale auf dem Grün

Glaub an Deine Putts

Das Spiel auf dem Grün ist am leichtesten zu lernen, aber unter Druck am schwersten zu beherrschen. Was nützt kraftvolle Schlagweite? Sie ist vergebene Liebesmüh, „der Drive dient der Show, der *Putt* dem Geldverdienen". Der Grundsatz der Profis „Putting for Profit" enthält viel Wahrheit: Für sie bedeutet Putten weniger als die Hälfte und für Amateure rund ein Drittel ihrer Gesamtschläge. Zu wenig Selbstvertrauen auf dem *Grün* macht dabei mehr kaputt als eine schlechte Technik.

> Selbstvertrauen ist der Schlüssel für gutes Putten. Wir versuchen, schon in Gedanken jeden Putt, sofern realistisch, einzulochen – ohne uns um einen möglichen nächsten Putt einen Kopf zu machen.

Mit welchem Griff pendelt und...

Hände zusammen, dann wird's am Ende eine Einheit

Die persönliche Griffhaltung zum Wohlfühlen liegt in den Handflächen. Deshalb lässt man Arme und Hände einfach hängen, der linke Handrücken und die rechte Handfläche zeigen zum Ziel. Um optimale Geschwindigkeitskontrolle zu erreichen, arbeiten die Hände im Idealfall gleich stark zusammen und sie halten den gewählten Druck während des gesamten Schwungs konstant. Wie die Hand zum *Putter* greift, spielt im Gegensatz zum langen Spiel eher eine untergeordnete Rolle.

Der Standard-Griff für kurz und lang

Beim gebräuchlichsten Puttergriff, dem Reverse-Overlapping-Griff, liegt der linke Zeigefinger auf den Fingern der rechten Hand. Der rechte Zeigefinger, auf den Schaft gestreckt, hilft, den Touch zu verbessern. Die rechte Hand gibt die Richtung vor. Sie hat beim Ball-Ansprechen genau die gleiche Stellung wie die Schlagfläche des Schlägerkopfs. Man spürt das Putter-Gewicht mehr in den Handflächen als in den Fingern.

... locht man die meisten Putts?

Der Cross-Handed-Griff erleichtert das Pendeln

Der Putter bildet eine Verlängerung des linken Arms. So wird jegliche ungewollte Handgelenksaktion ausgeschaltet und eine Pendelbewegung forciert.

Die rechte Hand umfasst – nicht zu fest – den Schlägergriff und den linken Unterarm. So wird solider Ballkontakt hergestellt, insbesondere bei kurzen Putts.

Der Zehn-Finger-Chip-Griff für passive Hände

Diese umgekehrte Handhaltung hindert die rechte Hand, nervös und überaktiv beim Putt einzugreifen. Durch das Fassen des Putters, mit der linken Hand unten, bleiben die Hände in einer festen Griffhaltung.

Beide Hände bilden eine Einheit, bei der die Schultermuskeln die Kontrolle über den Pendel-Schwung übernehmen. Um näher am Ball zu stehen, wird der Putter tiefer als sonst gegriffen.

Plötzlich verliert man die Leichtigkeit

Auf jeder Runde gibt's eine Handvoll kurze Putts, die sich entscheidend auf den *Score* niederschlagen. Manche Golfer bringen von einem Moment zum anderen keinen Putt mehr ins Loch. Sie werden vom großen Zittern auf dem Grün, *Yips*, überfallen und verlieren ihr Selbstvertrauen. Es ist ein mysteriöses Muskelzucken, das gnadenlos kurze Putts verreißt und den Ball noch weiter vom *Loch* verschlägt als davor. Um das unkontrollierte Nervenzucken zu überlisten, gehen viele neue Wege. Sie wechseln zum Cross-Handed-Grip (die linke Hand ist unten) oder sie greifen regelkonform zum Bauch- oder Besenstiel-Putter *(Belly-Putter)*. Alle diese Modelle sollen die Handgelenke stabilisieren. Ebenso spezielle Yips-Stick-Putter, die, bis zu vierzig Prozent schwerer, einen größeren Griff und kürzere Schäfte als normale Putter haben. Alle Typen fördern einen ausgewogeneren Pendelschlag und lösen einen langsameren, leichteren Touch aus. Doch nichts geht ohne Aufwand. Selten gelingen gravierende Umstellungen von heute auf morgen. Aber hartnäckiges Training führt in den meisten Fällen dazu, verflixte kurze Putts wieder öfters zu versenken. Ganz nach dem Motto: Nichts geht mehr daneben!

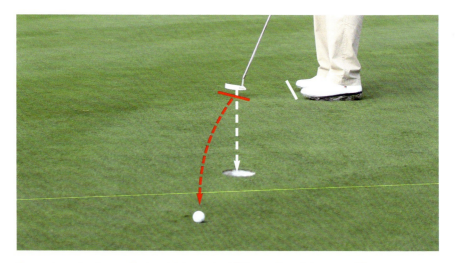

Normalerweise kann die Ausrichtung der Füße zu Abweichungen führen. In unserem Fall wird allerdings der verschlagene Putt durch Yips ausgelöst, was die offene Schlagfläche zur Folge hat.

Yips, das große Zittern auf dem Grün

Der Säge-Griff hält die rechte Hand in Schach

Eine Griffhaltung für passive Handgelenke und gegen eine zu dominante rechte Hand. Die linke Hand ist oben und etwas offen. Die rechte Hand greift den Schläger zwischen Daumen und Zeigefinger. Die restlichen Finger liegen oben auf. Die Umstellung für diese Griffhaltung verlangt Zeit.

Der Klauen-Griff unterdrückt das Steuern

Diese Griffhaltung hilft, wenn sich die rechte Hand beim Putt nervös einschaltet. Ein Phänomen, das man oft bei Vielspielern feststellt.

Rechts wird der Putter-Griff nur leicht gegriffen, links wird der Schläger fest gehalten und gependelt.

Kontakte, die es in sich haben

Rechtsabweichler

Beim Kontakt an der Ferse *(Heel)* kann der Putt sechs bis zehn Prozent Länge, je nach Putter-Modell und Ballsorte, verlieren. Und der Ball wird aller Voraussicht nach rechts von der *Ziellinie* abweichen.

Treffen nach Maß

Jeder Putter-Kopf hat drei, vier oder fünf Grad Loft, um den Ball beim Treffen kurz in die Luft zu heben, damit er dann gleichmäßig rollen kann. Ohne *Loft* würde der Putter-Kopf den Ball in den Boden eingraben. Eine perfekte Rollbewegung des Balls erhält man, wenn die Schlagfläche den Ball etwas oberhalb der Mitte im Zentrum trifft. Der Ball bewegt sich kurz mit *Backspin* in die Luft und rollt mit *Overspin* die restliche Linie auf dem Grün entlang.

Linksabweichler

Bei dem Kontakt an der Spitze *(Toe)* kann der Putt sechs bis zehn Prozent Länge verlieren – und der Ball nach links von der Ziellinie abweichen.

Kurz und bündig seine Putts pendeln

Die Vorstellung, wie stark oder schwach ein Pendel ausschlägt, hilft uns, die Entfernung auf lange und kurze Putts einzustellen. Unter Druck wird man oft im Schwung langsamer. Ausgelöst wird das, wenn man zu weit zurückschwingt und die Vorwärtsbewegung abbremst. So läuft der Schlägerkopf aus der Spur, wird im Treffmoment ungenau. Besser ist es, für die Längenkontrolle immer noch den Rückschwung kürzer zu machen, in der Treffzone den Schlägerkopf zu beschleunigen und im Durchschwung fließend nach vorn auszuschwingen. Solange der Rhythmus konstant ist, spielt es eine untergeordnete Rolle, ob die Pendelbewegung im Rück- und Durchschwung ein Drittel zu zwei Drittel, oder umgekehrt, oder gleich lang, ausgeführt wird.

Kurze Putts im rechten Winkel zur Ziellinie pendeln

Am Anfang pendelt der Putterkopf square auf der Ziellinie zurück.

Dann schlägt man im Durchschwung square auf den Ball und pendelt aus.

Lange Putts mit offener und geschlossener Schlagfläche spielen

Die Putter-Schlagfläche öffnet sich beim Rückschwung geringfügig.

Nach dem Durchschwung schließt sich die Schlagfläche nach innen.

Die Breite des ganzen Lochs nutzen

Den Ball mit letzter Kraft spielen, birgt Gefahren

Das große Ziel aller Golfer hat einen Durchmesser von 10,8 Zentimeter. Wenn der Ball den Randbereich des *Lochs* mit der letzten Umdrehung berührt, hat man realistische Chancen, dass er gerade noch ins Loch kippt. Tagsüber treten allerdings viele Golfer ans Loch heran. Der Rasen ums Loch wird dabei ständig heruntergedrückt. So bildet sich eine Vulkanform, die man mit bloßem Auge kaum wahrnehmen kann. All das wird den Ball, der mit letzter Kraft unterwegs ist, vor dem Loch abdrehen lassen. Grund genug, dem Ball genügend Geschwindigkeit mitzugeben, damit er über Unebenheiten, wie *Spikesmarken*, nachgewachsenes, erhöhtes Gras und den Vulkankegel hinweg ins Loch fallen kann. Im Idealfall braucht der Ball, um seine Linie zu halten, so viel Fahrt, dass er, vorbeigeschoben, rund 40 cm hinter das Loch rollt.

Dreht sich dagegen der Ball an der Lochkante entlang – ohne zu fallen, war er zu aggressiv geputtet. Das sogenannte *Auslippen* nervt Golfer aus jeder Spielklasse fürchterlich.

Mut zur Mitte

Kurze Putts mit genügend Autorität spielen

Bei kurzen Putts Im Zweifelsfall den Mittelweg wählen und entschlossen aufs Ganze gehen. Einen Punkt an der hinteren Lochkante anvisieren und kraftvoll dahin putten.

Eine stabile Basis für beständige Putts

Gut: Ein ruhiger Kopf für einen soliden Schlag

Es nützt viel, mit dem linken Auge den Ball zu fixieren. Immer wieder neigt der Unterkörper zum Schwanken. Daher wird das Gewicht überwiegend auf die vordere Innenseite der Füße verlagert. Das hilft, Schultern, Arme und Hände gleichmäßig zu bewegen. Aber Vorsicht: Zu viel an die Putt-Mechanik zu denken, erhöht die Zweifel. Zweifel sind die Wurzeln für vergebene Putts. Dieses Übel beseitigt man am besten bei der *Ballansprache* (die Füße stehen zur Ziellinie square oder offen), indem man sich vorstellt: Unter meinen Füßen schlagen Wurzeln aus, jetzt steh ich fest wie ein Baum und mache keine überflüssige Bewegung mehr!

Zum Abgewöhnen: Eine Kopfbewegung verzieht den Putt

Die Versuchung, den Verlauf des Putts mit „schrägem Blick" zu verfolgen, ist riesig. Doch Heben, Senken oder gar Drehen des Kopfs während des Puttens verändert die Schwungbahn, was zu verzogenen Putts führt. Schwankt der Körper, wirkt sich das sofort aufs Verhalten des Balls aus. Er rutscht, schießt oder taumelt auf ungewollter *Putt-Linie* am Loch vorbei. Schlechte Putter versuchen, mit zu viel Bewegung den Ball zum Loch zu steuern. Manche Amateure haben sich sogar angewöhnt, nach dem Ball zu schlagen, anstatt ihn lediglich mit einer weichen, rhythmischen Bewegung „auf dem Schwungweg" mitzunehmen.

Zwei Schlag-Varianten können als Kraftquelle dienen

Der Putt aus den Schultern heraus

Die Schultern fungieren als Kraftquelle! Handgelenke und Arme bleiben passiv beim Bewegungsablauf. Die Augen liegen etwas innerhalb der Ziellinie. So fühlen sich Befürworter der Methode „Putten mit geringer Schulterdrehung", wohl. Ihr Schwungweg führt erst nach innen, dann parallel zur Zielrichtung und im Schwungauslauf zieht der Schlägerkopf wieder nach innen. Die Schlagfläche öffnet sich natürlich durch die Drehbewegung beim Rückschwung und Durchschwung. Aber in der Treffzone, darauf kommt es an, bleibt der Schlägerkopf auf der Ziellinie square.

Der Putt mit gestreckten Armen

Manchem spielt sein Ballgefühl auf dem Grün einen Streich. Um seine Schlagdistanzen besser zu dosieren, hilft es oft, eine Puttbewegung mit gestreckten Armen auszuführen. Auf diese Weise wird der Schlag mit einer Kippbewegung aus den Schultern kontrolliert. Alle anderen Körperpartien verhalten sich dabei ruhig.

Der Schwung funktioniert mechanisch nach dem Muster: gerade auf der Ziellinie zurück und hindurch. Je weniger die *Schlagfläche* manipuliert, also verkantet wird, desto leichter erreicht man einen soliden Ballkontakt.

Grün lesen und Break erkennen

Allein den Ball gerade zu putten, reicht noch nicht, um ihn zu lochen. Nur wer das *Grün* lesen kann, wie die Golfer sagen, steigert seine Aussichten, den *Putt* zu versenken. Schon im Vorfeld auf dem Weg vom *Fairway* zur Fahne verrät uns die Landschaftsform, ob der Putt bergauf oder bergab läuft, das Gelände nach rechts oder nach links abfällt.

Morgens laufen die Putts in der Regel schneller als am Nachmittag. Schließlich wächst das Gras tagsüber zur Sonne hin. Die Grashalme wenden sich immer den Sonnenstrahlen zu. Uns leuchtet ein, dass ein Putt mit dem Strich *(Grain)* – das ist die Wuchsrichtung des Rasens – rasanter läuft und stärker bricht. Läuft der Ball seitlich gegen den Strich, also gegen die Richtung, in der das Gras auf dem Grün wächst, kann er stärker abweichen. Bei dicht bewachsenen Grüns sehen wir den Strich selten auf Anhieb. Fällt das Grün ab, läuft der Strich des Grases meist dorthin.

Auf flacher Grünfläche finden wir die Spur zum Strich leichter am Rand des Lochs. Dort, wo das Gras verblasst und braun geworden ist, wachsen die Halme gegen den Strich. Wir erkennen die Richtung des Graswuchses einfacher beim höher gelassenen Vorgrün, dessen Halme fast immer in dieselbe Richtung weisen wie die Halme auf dem Grün. Manchmal lässt sich die Strichrichtung auch optisch feststellen. Schimmert das Grün von unserem Ball zum Loch silbern, spielen wir mit dem Strich, der Ball rollt schneller als üblich. Von der anderen Seite betrachtet, wirkt der Rasen dunkel mit kleinen Schatten, wir putten gegen den Strich. Der Ball rollt langsamer.

Moderne Platzdesigner planen für das Grün selten einen Wasserablauf in Richtung *Bunker*. Deshalb brechen kaum Putts in Richtung Bunker weg. Prinzipiell brechen scheinbar gerade Bälle oft noch etwas zur nahen Wasserstelle am Grün aus. Wässert oder düngt der *Greenkeeper* den Platz, laufen Putts langsamer. Spart er an Wasser, rollen sie schneller.

Mehr Selbstvertrauen bekommen wir, wenn ein Mitspieler auf unserer Putt-Linie vorspielt. Bei langen Putts geht man am besten einmal bis zum Loch. An die Stelle, an der der Ball durch die Grünneigung das meiste *Break* annimmt, wenn er an Geschwindigkeit verliert. Erfahrungsgemäß hilft es oft, den Break *(s. Profilinie)* ein bisschen zu überschätzen.

5. Kapitel: Das Finale auf dem Grün

Extrem lange Schläge lieber länger als zu kurz putten

Zielbereich eingrenzen: Entfernung geht vor Richtung

Gut vorlegen und keinen Drei-Putt ziehen, ist das Ziel bei Putts von zehn und mehr Metern. Dabei ist es hilfreich, sich sein Ziel einzugrenzen, indem man sich ums Loch einen Kreis von einem Meter vorstellt.

Um lange Distanzen vom Gefühl her richtig einzuschätzen, bringt es viel, vor dem Putt die Strecke (natürlich nicht auf der vorgesehenen Putt-Linie) abzulaufen, um einen Gesamteindruck vom Grün zu erhalten. Wenn die Fahne im Schatten steht, lässt man häufig den Putt zu kurz. Deshalb konzentriert man sich vor allem auf die ganze Stecke zwischen Ball und Ziel. Wenn Mitspieler dabei sind, lassen wir uns den Fahnenstock bedienen. Dabei sollte der Mitspieler darauf achten, dass sein Schatten nicht aufs Loch oder die *Putt-Linie* fällt. Kommt der Ball direkt aufs Loch zu, zieht man die Stange rechtzeitig heraus. Bei Wind wird das Fahnentuch festgehalten. Hat man den letzten Putt versenkt, nimmt man ohne Verzögerung seinen Ball aus dem Loch – nicht mit dem Putter-Kopf, der beschädigt den Lochrand. Außerdem ist es fair, nach dem Putten auffällige Spikes-Marken zu beseitigen.

Putten wie die Profis

Noch während des Rückschwungs verlieren manche das Vertrauen ins Schwungtempo und zum anvisierten, gewählten Break-Punkt. Sie steuern unbewusst mehr zum Loch hin. Der Ball rollt auf der sogenannten *Amateurlinie* (rot) vorbei. Schon beim Probe-Putt zwingen wir uns gedanklich, den Ball auf der Profilinie (weiß) oberhalb des Lochs zu schlagen. Apropos Probeschwung und Vorstellungsvermögen. Der Probe-Putt sollte exakt der genauen Länge und dem Tempo des beabsichtigten Schlags entsprechen. Sonst bringt er nichts.

Auf keinen Fall zu kurz sein

Beim Abschätzen der Entfernung gilt unser Augenmerk nicht allein dem Loch, sondern einem Punkt rund fünfzig Zentimeter dahinter. So zwingt man sich, aufs Balltempo zu achten und weniger ans reine „Einlochenmüssen" zu denken.

Der Ball kann links oder rechts abweichen oder viel zu lang werden, aber er darf auf keinen Fall zu kurz sein.

5. Kapitel: Üben, probieren – besser werden

Das Training für zuverlässiges Putten

Im Umgang mit dem von Individualität geprägten Putten ergeben sich in kurzer Zeit deutlich bessere Resultate. Vergleichbar dem Abnehmen. Anfangs purzeln die Pfunde. Aber für das Wunschresultat muss man sich quälen. Wer seinen *Putt-Score* abspecken will, dem passiert Ähnliches. Erst geht es recht flott, dann läuft der Prozess nur noch im Kriechgang. Um dranzubleiben, weiterhin Erfolg zu haben, muss man sein Selbstvertrauen stärken.

Übertriebenes Exerzieren auf dem *Putting-Grün* geht ins Kreuz. Die gekrümmte Körperhaltung löst Rückenschmerzen aus. Wir umgehen sie durch kurze, aber regelmäßige Trainingseinheiten, bei denen wir unser Gefühl und unsere Konzentration für Putts unter Druck verbessern wollen. In jedem Fall gilt: Nur so lange trainieren, wie man sich frisch fühlt.

Prinzipiell vier Bälle zum Üben fürs Distanzgefühl nehmen

Jeden Schlag erst in Gedanken durchspielen. Unterschiedlich lange Putts erfordern unterschiedlich lange Schwünge. Wir starten mit den langen Putts. Dabei wägen wir vorher bei allen Entfernungen die Rollstrecke ab, um dann den Ball mindestens auf eine Putter-Länge ans Loch zu bringen. Bei jeder Entfernung achten wir immer auf die erforderliche Länge des Rückschwungs. Warum vier Bälle? So viel passen in ein Loch.

Ein ruhiger Kopf und zwei Tees führen zu soliden Treffern

Die zwei in den Boden gesteckten Tees helfen allen, die dazu neigen, zu früh zum Loch zu blicken, um zu sehen, wie der Ball rollt.

Beim Hin- und Herpendeln zwischen dem Tor beobachtet man aus den Augenwinkeln heraus, ob der Putter-Kopf gerade weg- und durchschwingt. Liegt er im Rückschwung schief, bricht man den Putt ab und fängt von vorn an. Eine gute Übung, um sich beim Putten ruhig zu stellen.

Mit der rechten Hand allein bleibt das Schlägerblatt square

Manchmal tendiert man dazu, den Ball zu schieben und zu steuern, statt ihn mit persönlichem Pendeltempo solide zu treffen. Um das Übel zu beseitigen, puttet man allein mit der rechten Hand. Die rechte Hand fasst dabei den Putter genau dort, wo sie auch bei der Griffhaltung mit beiden Händen liegt. In der Griffhaltung bleibt bei der Putt-Bewegung der Winkel zwischen Handrücken und Unterarm unverändert. Was zur Folge hat: Die Schlagfläche ist vor und nach dem Treffmoment lange square auf der Zielrichtung.

Wadenbeißer ohne langes Nachdenken als Tap-in einlochen

Profis bezeichnen nahe am Loch liegende Putts als *Tap-in*. Sie sind in der Regel so einfach, dass sie im Loch-Wettspiel vom Gegner „geschenkt werden", auch um Zeit zu sparen. Wir üben, um instinktiv scherzhaft genannte *Wadenbeißer* unter Druck ausführen zu können, indem wir uns vorstellen, ein Loch ist vor dem eigentlichen Loch. Und schnell merkt man, dass der Ball beim kräftigen Tap-in-Putt leicht ins echte Loch rollt.

Putten im Kreis verbessert das Selbstvertrauen

Zuerst werden vier Bälle (keine Range-Bälle) in einer Entfernung von einem Meter (Anfänger fangen bei einem halben Meter an) auf die Positionen verteilt. Möglichst um ein Loch in Schräglage, damit jeder Putt einen anderen Break hat. Verfehlt man mehr als zwei Putts, beginnt man von vorn (maximal dreimal). Hört man allerdings bei allen Schlägen das Poltern des Balls in der Fahnenhülse, wird die Entfernung für die nächste Vierballeinheit um jeweils einen Putter-Griff erweitert. Man kann die Übung auch im Wettspiel mit einem Spielpartner machen.

5. Kapitel: Üben, probieren – besser werden

Beim Aufwärts-Putt wenig Break beachten und viel Gas geben

Die meisten Amateure pflegen Putts von unten nach oben auf weitläufigen Grüns mit ausgeprägter Steigung viel zu kurz zu lassen. Jammerschade, denn der Ball ist einfach in der Richtung zu halten, selten bricht ein Bergauf-Putt aus. Deshalb soll man ansteigende Putts mit einer schwungvollen Bewegung zum Ball hin beschleunigen, ähnlich einem Sportwagen, der den Berg hinaufbraust.

Beim Abwärts-Putt viel Break beachten und das Tempo drosseln

Das Putten aufs Tee soll die Konzentration aufs Ziel erhöhen. Danach erscheint das echte Ziel, das Loch, riesig. Der Putt bergab ist kein kürzerer Schlag, lediglich ein langsamerer. Allerdings sind die *Breaks* viel stärker als beim Bergauf-Putt. Behutsam bringt man den Ball – durch Antippen – in Bewegung. Strategisch ist es klüger, den zweiten Putt so zu platzieren, dass man den Ball möglichst von unten nach oben puttet. So wird das Einlochen nur noch eine Formalität.

6. Kapitel: Schlag nach eigenem Muster

Erwartungen in seine Schläge setzen

Es ist entscheidend, um hohes Spielniveau zu erreichen und zu halten, von jedem Schläger die persönlichen Längen, Höhen- und Kurventendenz zu kennen. Und ganz wichtig: Nach welcher Seite weichen schlecht getroffene Bälle ab – damit man sich mit seinen durchschnittlichen Schlagweiten darauf einstellen und sich den Platz entsprechend vom Abschlag bis zur Fahne einteilen kann.

< Voll durchziehen: Maßarbeit macht vieles leichter. Wer die Durchschnittsweite der einzelnen Schläger im Kopf hat und die Vorlieben seiner Flugkurven kennt, dem unterlaufen bei der Schlägerwahl kaum Fehler.

Wie weit – voll geschwungen – fliegt mein Ball im Durchschnitt?

Es verlangt schon eine gewisse Spielstärke, den Ball so oft im Zentrum des Schlägerblatts zu treffen, dass sich bei vollen Schwüngen Wiederholbares festhalten lässt. Normalerweise übt man auf der *Driving Range*. Doch die ist zur Weitenerfassung wenig geeignet, weil Übungsbälle zumeist kürzer als hochwertige Spielbälle fliegen. Nur auf der Runde auf eben verlaufender Spielbahn erfährt man präzise seine persönlichen Schlagweiten mit den einzelnen *Eisen* und *Hölzern*. Um sie besser kennen zu lernen, startet man mit seiner Längenerfassung auf dem Platz an den *Par*-3-Löchern, wenn keine nachfolgenden Spieler im Nacken sitzen.

Immer und immer wieder den gleichen Schwung machen, um einen möglichst gleichförmigen Ballflug zu erreichen. Nach mindestens fünf gut getroffenen Bällen – den besten und schlechtesten Schlag streichen – wird ausgewertet. Die drei restlichen Bälle bilden die Grundlage für die Durchschnittslänge des eingesetzten Schlägers.

Als Bemessungsgrundlage können, falls kein Laser-Messgerät zur Hand, Messsteine am Abschlag herhalten. Beim Par 3 weisen die Entfernungshinweise immer auf „Grünmitte" und bei Par 4 und Par 5 „auf Grünanfang" hin. Diese Meterangaben findet man auf Score-Karten und auf Abschlagstafeln.

Schlagweite allein ist nicht alles

Wer sein Handicap knacken möchte, sollte auf seine Länge mit jedem Schläger zählen können. Traumschläge aus strahlenden Tagen unter idealen Bedingungen zum Maßstab zu nehmen, hilft wenig. Auch nicht die Versuchung, von der gleichen Weite, die man mal vor Jahren erreichte, auszugehen. Die Tagesform ändert sich täglich. Jeder, der auf strategisches Spielen Wert legt, sollte die aktuelle Länge seiner Schläger kennen. Auch wie der Ball voraussichtlich bei trockenen, nassen oder windigen Verhältnissen fliegt – *carry*, wie man zur reinen Luftstrecke sagt. Bei *carry* zählt nämlich nur die reine Fluglänge des Balls vom Abschlag bis zum ersten Aufprall auf dem Boden – ohne Ausrolllänge.

Am Ende des Längentests kommt oft zum Vorschein: Eisen 4, mit 28 Grad, und Eisen 3, mit 24 Grad Schlagflächenneigung *(Loft)*, werden gleich weit geschlagen. Limitiert wird die annähernd identische Schlagleistung von der persönlichen Schlägerkopfgeschwindigkeit, obwohl eigentlich die steilere Schlägerblattneigung des Eisen 3 ein mehr an Metern ermöglichen sollte. Der Unterschied gegenüber Hölzern oder *Hybrid*-Schlägern fällt besonders an nassen Tagen auf. Nachdem man seinen Schlägersatz auf den Prüfstand stellte, sollte man schwer zu handhabende Eisenblätter verbannen und die notwendigen Schlagweiten mit dem Einsatz von leichter schwingenden Hybrid- oder *Utility-Eisen* kompensieren. Die Zwitter aus Eisen- und Holzköpfen haben den Vorteil, dass man näher am Ball steht und eine höhere Schlägerkopfgeschwindigkeit auslösen kann. Zudem wird der Ball durch den wuchtig erscheinenden Kopf, der tatsächlich eine größere Sweet-Spot-Fläche hat, leichter in die Luft steigen als mit einem Eisenschlägerblatt.

Meine Schlagweiten-Übersicht

Eine Analyse ist aufschlussreich: Wer seine Schlagweiten kennt, wird mit Sicherheit sein Spiel verbessern. Der Loft ist entscheidend für die Schlagweite. Jede Schlägermarke stellt die Lofts nach eigenem Ermessen ein. Bei den angegebenen Gradangaben handelt es sich um Durchschnittswerte.

Holz/Hybrid	1	3	5	7	9	11
Damen	13°	18°	24°	30°	36°	39°
Herren	11°	16°	22°	28°	34°	38°
Meine Schlagweite						

Eisen	3	4	5	6	7	8	9	PW	SW
Damen	25°	29°	33°	37°	41°	45°	49°	53°	56°
Herren	24°	28°	32°	36°	40°	44°	48°	52°	56°
Meine Schlagweite									

6. Kapitel: Schlag nach eigenem Muster

Das Set-up bestimmt die Flugbahn

Ballposition für mittlere Flugbahn

Eine Möglichkeit, um die Flughöhe des Balls tief oder hoch zu halten entsteht durch die veränderte Neigung des Schlägerblatts. Wenn immer es geht, den Ball „normal" in der Mitte des Fußabstands ansprechen. Das hält den Winkel des Schafts auf „Mittelmaß".

Ballposition für hohe Flugbahn

Beim langen Eisen – manche tauschen sie gegen einfacher zu schwingende Hölzer oder Hybriden aus – wird der Ball vom Fairway vor der linken Ferse als *Fade (offener Stand)* gespielt. Der Stand ist leicht offen und das Schlägerblatt steht square zur Ziellinie.

Ballposition für flache Flugbahn

Der Ball liegt etwas rechts von der Standmitte. So trifft das Schlägerblatt direkt am tiefsten Punkt des Schwungbogens oder unmittelbar davor auf den Ball. Durch den *Draw (geschlossener Stand)* steht das Schlägerblatt etwas geschlossen zum Ziel.

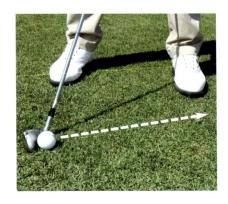

Ball flach halten

Um ungeschoren aus einer brenzligen Situation herauszukommen und den Ball flach zu schlagen, muss die Ansprechstellung geändert werden. Der Ball wird mehr als sonst vom rechten Fuß gespielt. Dazu gehört auch ein schmaler Stand. Beim flachen Schlag wird der Schwungauslauf verkürzt. Die Hände steigen nicht höher als bis zu den Schultern.

Schlag in die Wolken

Beim hohen Schlag wird der Ball mehr links als üblich angesprochen und als Fade gespielt. Daher sollte der Rückschwung so hoch und weit wie möglich sein.

Leichte Flugkurven zuverlässig beherrschen, beschert Triumphe

Viele Tour-Spieler ziehen im Turnierstress den Fade vor, der Ball fliegt mit etwas Spin von links nach rechts und rollt wenig aus. Je offener man allerdings steht, desto mehr Weite verliert man, und das mit jedem beliebigen Schläger. Der Fade lässt sich aber ihrer Ansicht nach besser kontrollieren als der Draw, den man mit einer leichten Flugkurve von rechts nach links steuert. Der Ballflug des Draw ist zwar dem Fade etwas an Schlaglänge überlegen, aber Weite spielt bei Tour-Pros selten eine gravierende Rolle, weil die meisten dank ihrer Schwungtechnik und hohen Schlägerkopfgeschwindigkeit über genügend Grundlänge verfügen.

So entsteht ein Draw

1. Die Ballansprache

Draw-Spieler stehen aufrecht, das schafft mehr Distanz zum Ball und gibt Raum für den anstehenden Schwung. Der Ball liegt bei langen Schlägern mehr zur Mitte hin. Es wird ein geschlossener Stand eingenommen.

2. Der Rückschwung

Nach dem Wedepunkt wird der Schlägerkopf in weit ausholender Bewegung von innen kommend auf der Ziellinie geschwungen. Der rechte Arm kreuzt über den linken, und der Schläger schwingt innerhalb der Ziellinie weiter.

3. Der Durchschwung

Durch den geschlossenen Stand, den Schwungverlauf von innen nach innen und die Gewichtsverlagerung nach links fliegt der Ball eine Draw-Kurve.

4. Das Schwungende

Das Gewicht, es wurde schwungvoll von rechts nach links verlagert, liegt nach dem gesamten Schwungablauf überwiegend auf dem vorderen Fuß.

So entsteht ein Fade

1. Der Aufschwung

Der Ball liegt mehr als sonst Richtung Ziel. Der Fade-Spieler steht nahe am Ball, so „fühlt" man sich mehr über dem Ball schwingen. Das Schlägerblatt ist links zum Ziel ausgerichtet.

2. Der Abschwung

Auf der Spitze des Rückschwungs ist eine volle Schulterdrehung ausgeführt worden. Fließend leiten überwiegend die Arme den Abwärtsschwung ein.

3. Der Durchschwung

Man trifft den Ball mit leicht offener Schlagfläche und lässt nach dem Ballkontakt die Hände durch die Fliehkräfte im Schwungverlauf nach innen drehen.

4. Das Schwungende

Der „volle Schlägereinsatz" wird geringfügig „zurückgehalten". Der Ball erhält Spin für eine Fade-Flugbahn, die von links nach rechts kurvt.

Der Schlag hangaufwärts

In Bergauflage muss man seine übliche Schlagweite ausgleichen, indem man „mehr Schläger" nimmt. Zum Beispiel statt des Eisen 7 ein Eisen 5 spielen. Bevor man losschwingt, berücksichtigt man bei der Ballansprache die hangbedingte Richtungstendenz von rechts nach links, die von der Schlagweite abhängt – und stellt sich je nach Grad der voraussichtlichen Abweichung rechts vom Ziel auf. Bei kurzen Schlägen fällt die Abweichung kaum ins Gewicht, aber bei mittleren und langen Eisen, Hölzern oder Hybriden weichen die Draw-Flugkurven erheblich ab.

Der reduzierte Rückschwung

Diese Hanglage unterstützt eine flache Schwung-Ebene. Die Körperhaltung möglichst im rechten Winkel dem Hang anpassen.

Der überstandene Ballkontakt

Der Ball fliegt höher als sonst. Um sicherer die Balance zu halten, unterlassen wir Vollgasschwünge. Auf keinen Fall den Ball in die Luft schaufeln *(löffeln)* wollen.

Der Schlag hangabwärts

Bevor man losschwingt, berücksichtigt man bei der Ballansprache die hangbedingte Richtungstendenz von links nach rechts. Der Grad der voraussichtlichen Abweichung hängt von der Schlagweite ab. Bei kurzen Schlägen fällt sie gering aus, aber bei mittleren und langen Eisen, Hölzern oder Hybriden weichen die Fade-Flugkurven erheblich ab und der Ball kann zu lang werden. Bei Bergablagen muss man die übliche Schlagweite ausgleichen und Schläger mit genügend Schlagflächenneigung (Loft) einsetzen. Zum Beispiel statt des Eisen 8 ein Pitching-Wedge spielen. Grundsätzlich besteht in der Lage bei weiten Schlägen die Gefahr, dass der Loft zu gering ist, der Ball keine Höhe gewinnen kann und nur am Boden entlangrollt.

Der Wendepunkt

Diese Lage unterstützt eine steile Schwung-Ebene. So weit wie möglich seine Körperhaltung im rechten Winkel dem Hang anpassen und im Schwungverlauf möglichst lange so bleiben.

Die Auslaufphase

Ein voller Durchschwung ist hier nicht möglich. Bei Bergabschlägen rollt der Ball ungewöhnlich lange aus. Bei langem Schlag in der Ausrichtung zum Ziel die stärkere Slice-Kurve berücksichtigen.

Der Ball liegt oberhalb der Füße

Der Dreiviertel-Schwung hilft weiter

Den Schläger fassen in der Mitte bis zum Griffende. Der Ball neigt je nach Steigung zum Draw. Rechts vom Ziel ausrichten und den Ball von Standmitte bis rechten Fuß spielen.

Der Schlag führt zum Draw

Die Hände sind noch nach dem Ballkontakt noch vor dem Schlägerkopf. So wird sicher gestellt, erst den Ball, dann den Boden zu treffen. Ein voller Schlag ist in der Schräglage nicht möglich.

Der Ball liegt unterhalb der Füße

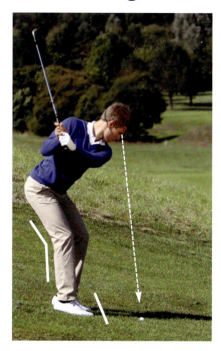 

Der stark reduzierte Rückschwung

Schläger länger fassen. Links vom Ziel ausrichten und den Ball mehr vom linken Fuß ansprechen. Der Ball neigt je nach Steigung zum Fade. Der Oberkörper beugt sich mehr als üblich nach vorn und der Golfschwung fällt steiler aus.

Der Schlag führt zwangsläufig zum Fade

Im Schwungverlauf so weit wie möglich der Hanglage angepasst bleiben und lange das Gleichgewicht bewahren. Die Balance ist in der Hanglage der Schlüssel zum Erfolg. Ein voller Durchschwung ist kaum möglich, ohne am Ende „umzufallen".

6. Kapitel: Üben, probieren – besser werden

Der beste Golflehrer ist der Flug des Balls

Nur wer sich auf der Driving Range ein Bild machen kann, was im Schwung passiert, ist in der Lage, Korrekturen und Verbesserungen vorzunehmen. Und genau dahin wollen wir kommen. Manche Menschen spielen hervorragendes Golf mit überflüssigen Bewegungen und persönlichen Eigenarten, die gegen gängige Lehrmeinungen verstoßen. Ein guter Golfschwung hängt immer von einer ganzheitlichen, flüssigen Bewegung ab. Selbstverständlich kann keiner die physikalischen Gesetze beiseiteschieben. Doch überwiegend Männer konzentrieren sich zu viel auf die Mechanik und zerlegen ständig ihren Schwung in einzelne Teile.

Es spielt nur eine untergeordnete Rolle, ob zum Beispiel die mühsam eintrainierte Endstellung im Schwung erreicht wurde. Es zählt allein, ob sich die ganze Kraft des Schlägerkopfs im Treffmoment optimal entladen hat und der Ball mit vorgesehener Kurve und Länge zum Ziel schießt.

Stundenlanges, verkniffenes Üben garantiert nichts

Einen einzigen Schlag körbeweise zu trainieren, hat noch lange nicht zur Folge, dass der Schlag, wenn er auf dem Platz dran ist, gleich automatisch gelingt. Oft sind die Resultate so kümmerlich, dass man es nur schwer verkraftet.

Auf keinen Fall sich in heißen Phasen den Glauben und die Lust am Trainieren vermiesen lassen. Es darf uns nicht interessieren, wie andere unseren Schwung bewerten.

Wir müssen lernen, unseren Schlägen zu vertrauen. Auch sollten wir uns nicht mit gut gemeinten Ratschlägen von Freunden beschäftigen. Wir schwingen furchtlos und ohne Erwartungshaltung und bleiben in jeder Lage cool.

6. Kapitel: Üben, probieren – besser werden

Mit jedem gelungenen Schlag wird die Anspannung vor der Angstseite kleiner

Es bringt mental viel, wenn man sich beim Training auf der Range möglichst am Rand aufstellt, um seine schwache Seite zu bekämpfen. Unabhängig, ob dort Hindernisse „lauern".

Wenn man zum Hook (rote Linie) neigt, richtet man sich zur Angstseite hin aus – egal, ob dort Hindernisse in Form der Baumabgrenzung sind. Dann schwingt man von außen nach innen in Richtung linke Seite.

Nachdenken, Fehler abstellen und Verbesserungen in Angriff nehmen

In Gedanken hängt man einer schwierigen Situation an dem Platz nach, weil man es nicht geschafft hat, sich unter hängenden Ästen mit flachem Ballflug zur Fahne zu retten. Ein Befreiungsschlag klappte nicht. Ein Schläger mit längerem Schaft hätte in der Situation besser geholfen, sich aus der Patsche zu befreien. Deshalb schlägt man jetzt diesen Ball mit voller Konzentration und ganz bestimmter Absicht. In jedem Übungsabschnitt behandelt man immer nur ein Problem. Sobald man es im Griff hat, wird man „sicherer", wenn der gleiche Fall später einmal wieder zu meistern ist. Die Driving Range ist ein perfekter Ort, Schläge aus verschiedenen Lagen wechselhaft nachzuspielen – auch glücklich verlaufene.

Immer präzise Ziele anpeilen und möglichst jeden Schläger gleichmäßig schwingen

Um einen fließenden Schwungrhythmus zu erreichen, ohne die ganze Kraft einzusetzen, die sonst im vollen Schlag steckt, wechselt man zu Schlägern, die eigentlich zu lang fürs Ziel sind. Diese Übung verbessert den *Rhythmus*. Er kann schnell verloren gehen, wenn man eine Zeitlang so auf den Ball gedroschen hat, als ob man ihn zerschmettern wolle. Um Kraftakte und Manipulationen klein zu halten, werden jetzt 100-Meter-Schläge gemacht. Mit relativ weichem Schwung kommt das Eisen 5 zum Einsatz. Dann erfolgt der Wechsel zum Eisen 7 und zum Eisen 9. Das Hin- und Herspringen zwischen den Schlägern – möglichst alle gleich schwingen – fördert den Rhythmus.

Lange Eisen raus, Hybrid rein?

Der durchschnittliche Golfer schwingt langsamer als die *Pros*. Schon beim Anblick des scharfkantigen Eisenblatts wird manchem Angst und Bange. Vertrauensvoller sieht der rundliche Hybrid-Kopf aus. Zugegeben, das lange Eisen ist ein Notnagel. Bei Wind, hart und flach geschlagen, rollt der Ball allen Hybriden, die eine hohe Flugbahn aufweisen, weit davon. Bei nassem Rasen und Schlägen aus hohem Gras erreicht man mit Hybriden dagegen mehr Carry, also Fluglänge, als mit niedrig geschlagenen Eisen. Hybride haben längst Einzug in die Golftasche vieler Pros gehalten. Sie ersetzen oft die 3er- und 4er- Eisen. Und bei Amateuren: Warum nicht gleich das 5er-Eisen mit aussortieren, wenn man mit dem Hybrid, den man wie ein kurzes Eisen schwingen sollte, besser klarkommt?

Sweetspot-Kontrolle fällig?

Jeder Schläger funktioniert am effektivsten, wenn der Ball mitten auf dem *Sweetspot* getroffen wird. Um das sorgfältig zu überprüfen, pudert, sprayt (wie im Bild) oder taped man die Schlagfläche.

Schlagzentrum bewerten

Im gezeigten Beispiel wurde der Ball zu weit unten getroffen. Nur saubere Ballkontakte in der Mitte der Schlagfläche (Sweetspot) gewähren wiederholbare *Flugbahnen* und Schlagweiten.

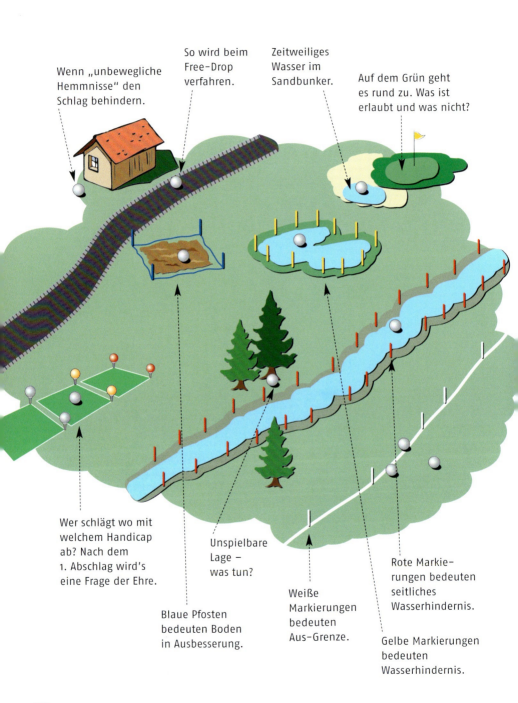

7. Kapitel: Die wichtigsten Regeln

Wer regelsicher ist, spielt selbstbewusst

Im Prinzip muss man den Ball spielen, wie er liegt. Doch auf der Runde verläuft selten alles nach Wunsch. Plötzlich wird ein Ball verschlagen. Jetzt heißt es, kühlen Kopf zu bewahren. Golfregeln sind eine komplexe Angelegenheit – aber die am häufigsten gebrauchten *Regeln* muss man beherrschen, um Strafen zu vermeiden.

< Erleichterungen, die einem zustehen, und Fehler bei den Regeln, die man ausschließt, verbessern den Score. Und wenn der gut ausfällt, fühlt man sich auf jedem Platz regelrecht gut aufgehoben.

7. Kapitel: Die wichtigsten Regeln

Auf dem Abschlag ist was los

Prinzipiell sollte man fünf Minuten vor der vereinbarten Startzeit (*Tee-Time*) am *Abschlag* stehen. Vor einem Turnier ist das *Golfbag* zu prüfen, ob unter anderem maximal vierzehn Schläger am rechten Platz sind. Wer über fünf Minuten hinaus zu spät erscheint, wird disqualifiziert. Bis fünf Minuten Verspätung gibt es zwei *Strafschläge*. Wer freilich meint, früher abzuschlagen geht in Ordnung – irrt. Auch dafür fallen zwei Strafschläge an.

Wer außerhalb des Abschlags (rechtwinklig und zwei Schlägerlängen von der Vorderkante der Abschlagsmarkierungen nach hinten gemessen) losspielt, um zum Beispiel einen besseren Stand zu erlangen, erhält ebenfalls zwei Strafschläge und muss den Ball noch einmal von innerhalb des Abschlags spielen.

Manche neigen dazu, vor lauter Nervosität viele Übungsschwünge vor dem Abschlag zu machen. Das bringt erfahrungsgemäß wenig, es kostet nur Energie und verlangsamt unnötig das Spiel.

Für einen *Luftschlag* gibt es kein Pardon. Es handelt sich um eine Bewegung des Schlägers, mit der der Spieler den Ball schlagen wollte, also einen Schlag (wenn auch ohne Ergebnis), und der zählt als Schlag. Wird der Ball allerdings in der Schlagvorbereitung versehentlich bewegt und er fällt vom *Tee*, darf man erneut – straflos – aufteen.

Aus diesem Bereich, innerhalb der zwei Schlägerlängen, muss der Ball abgeschlagen werden.

Wer schlägt wo, mit welchem HCP ab?

Jeder Platz wird nach Richtlinien des Verbands vermessen und beurteilt. Mit den Werten *Course Rating (CR)* und *Slope (SR)*, wird das *Handicap (HCP)* eines Spielers berechnet. Die meisten Golfanlagen haben für jedes Loch mehrere Markierungen. Diese Abschläge sind mit ihren Entfernungen in der *Zählkarte* erfasst. Je niedriger das Handicap, um so weiter hinten wird abgeschlagen.

Wie füllt man eine Score-Karte aus?

Noch am 1. Abschlag tauscht man seine *Score-Karten* mit einem Mitspieler (Name des Zählers ist meist vermerkt). Nach der Runde müssen die Zählkarten sofort zur Auswertung im Sekretariat abgegeben werden.

Loch		Herren		Damen		PAR	Vorgabenverteilung	Spieler	Zähler
		weiß	gelb	blau	rot				
	SR	128	126	128	125				
	CR	72,5	70,8	74,6	73,0				
1	Hathal	459	439	415	402	5	9	// 6	5
2	Feldl	427	405	360	360	4	1	// 6	4
3	Buchetweg	196	187	173	168	3	13	/ 3	4
4	Andechser Rain	383	369	348	329	4	3	// 5	5
5	Rehwies	356	356	328	316	4	7	// 6	5
6	Widbuchet	320	291	257	250	4	15	/ 6	4
7	Hochstadtwald	527	483	467	434	5	5	// 5	5
8	Jagersteig	370	350	327	327	4	11	/ 7	4
9	Obstler	135	135	116	95	3	17	/ 3	4
1-9		3473	3015	2791	2681	36		46	
10	Weiherholz	402	378	349	327	4	4	// 4	5
11	Stadelwiese	301	283	263	254	4	18	/ 5	4
12	Grandthal	496	479	443	420	5	8	// 7	6
13	Holzleiten	382	370	350	338	4	6	//5	5
14	Flackertfeld	324	324	291	279	4	10	// 6	5
15	Flackertweiher	181	163	163	147	3	14	/ 3	5
16	Feldherrnhügel	357	346	317	307	4	2	//5	5
17	Alte Eiche	203	185	181	168	3	16	/ 4	4
18	Dorfblick	453	453	393	393	5	12	/ 5	5
10-18		3099	2981	2750	2633	36		44	
1-9		3173	3015	2791	2681	36		46	
1-18		6272	5996	5541	5314	72		90	
							Spv	28	
Zähler:			Spieler:				Netto	62	

- Spielvorgabe (Spv).
- Course-Rating-Wert (CR).
- Slope (SR). Ein Basiswert für den Bogey-Spieler im Verhältnis zum Scratch-Spieler. Aus dem CR-Wert und dem Slope-Wert wird aus einer *Stammvorgabe* eine *Spielvorgabe* berechnet.
- Brutto-Schlagzahl der ersten neun Löcher.
- Schlagzahl, sie wird immer Brutto notiert.
- Schlagzahl des Zählers. Immer empfehlenswert. Die Zahlen sollten am Ende durchgestrichen werden.
- Brutto-Schlagzahl der zweiten neun Löcher.
- Spielvorgabe (Spv).

Ohne Unterschrift des Spielers und des Zählers erfolgt Disqualifikation.

Netto-Schlagzahl (62) nach abgezogener Spv (28) erfolgt bei der Auswertung durch die Spielleitung.

7. Kapitel: Die wichtigsten Regeln

Die Regeln und die Platzregeln

Viele Golfclubs erklären in ihren *Platzregeln* sinnvollerweise Steine im Sandbunker zu beweglichen *Hemmnissen*. Sie dürfen vor dem Schlag entfernt werden. Die Platzregeln definieren auch, wie man vorgehen soll, wenn der Ball zum Beispiel Hochspannungsleitungen berührt, welche Bodenbereiche sich in Ausbesserung (Ground under Repair, *GuR*) befinden oder welche Mauern, Zäune, Wege oder Flüsse als Aus-Grenzen des Golfplatzes gelten.

All diese Informationen geben die Clubs im Netz und ihren Aushängen. Die hier erklärten Regeln beziehen sich auf das „Zählspiel", wozu auch die Stableford-Wertung gehört. Dabei geht es immer um einen oder zwei Strafschläge. Nur das *Lochwettspiel* macht eine Ausnahme: Anstelle der zwei Strafschläge riskiert man Lochverlust. Doch im Wesentlichen gelten für das Zählspiel und das Lochspiel die gleichen Regeln.

Nach dem 1. Abschlag wird's eine Frage der Ehre

Wer an der Reihe ist, sollte ohne große Verzögerung abschlagen. Am 1. Abschlag schlägt der Spieler ab, der auf der Startliste des Flights an erster Stelle steht. Danach hat die *Ehre* (Honour) der Spieler, der auf dem Loch davor die wenigsten Schläge benötigte. Spielen zwei Spieler die gleiche Schlagzahl, hat jener, der am Loch zuvor als Erster abschlug, die „Restehre".

Unspielbare Lage – was tun?

Wer sich in unspielbarer Lage Vorteile durch Veränderung der Lage des Balls verschafft, begeht einen Regelverstoß. Stand, Schwung oder Spiellinie dürfen auf keinen Fall verbessert werden. Das gilt auch für den Übungsschwung.

Wer dabei etwas bewegt, biegt oder bricht und dadurch die Lage des Balls oder den Raum des beabsichtigten Schwungs verbessert, zieht sich zwei Strafschläge zu.

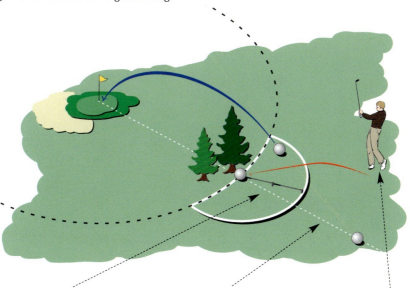

Man misst zwei Schlägerlängen von der ursprünglichen Lage, nicht näher zum Loch, und nimmt dafür einen Strafschlag in Kauf. Aber immer darauf achten: Vom falschen Ort zu spielen, führt zu zwei Strafschlägen. Ergibt sich daraus ein erheblicher Vorteil, kann es gar zur Disqualifikation durch die Spielleitung führen.

Der Spieler darf auf der Verlängerung der Linie vom Loch über die unspielbare Lage beliebig weit zurückgehen und auf dieser Linie den Ball mit einem Strafschlag fallen lassen.

Im Ermessen des Spielers liegt: Man kann überall auf dem Platz, mit einem *Strafschlag* zu der Stelle zurückgehen, von der man zuletzt geschlagen hat (gilt jedoch nicht für Wasserhindernisse).

Das Verfahren beim Ball-Drop ist einfach

Die Schlägerlänge für das Droppen des Balls kann nach Belieben mit jedem Schläger aus der Golftasche abgemessen werden. Die abgemessene Schlägerlänge kennzeichnet man am besten vorher mit einem Tee. Trifft der Ball zuerst außerhalb der markierten Fläche auf den Boden, muss man erneut droppen: Aufrecht stehen, den Ball mit ausgestrecktem Arm in Schulterhöhe halten – und fallen lassen. Rollt der Ball an den Fuß oder auf den Schläger am Boden, muss erneut ohne Strafschlag gedroppt werden. Sowohl dieser *Drop* wie auch der gerade genannte außerhalb der Schlägerlänge zählen nicht und müssen so lange wiederholt werden, bis der Ball richtig gedroppt wurde. Nur wenn ein richtig gedroppter Ball zweimal erneut gedroppt werden muss – zum Beispiel in einer Schräglage, weil er an einer falschen Stelle liegen bleibt, muss er an die Stelle gelegt werden, an der er beim zweiten richtigen Droppen zuerst auf dem Boden aufgetroffen ist.

Das Verfahren beim Ball-Drop ist einfach. Der Ball muss innerhalb der Schlägerlänge auf den Boden auftreffen. Nehmen wir dafür den linken Schläger im Bild.
Nun darf er zwei Schlägerlängen weit rollen, aber gemessen wird von dem Punkt, an dem er auf den Boden auftrifft.

Regelkonform den Ball suchen, finden und identifizieren

Wenn man nur zwei Minuten und oberflächlich nach seinem Ball sucht und sagt: „Ach was, ich gebe den Ball auf", so hat dies keine Bedeutung im Sinne der Regeln. Denn der ursprüngliche Ball ist nicht verloren, wenn er innerhalb der Suchzeit von fünf Minuten dennoch gefunden wird. Der erste Ball kann nicht durch Worte, sondern lediglich durch Taten aufgegeben werden. Dazu gehört zum Beispiel, einen neuen Ball von der Stelle des letzten Schlages zu spielen, oder einen provisorischen Ball, der gleich weit oder näher zum Loch liegt, als die Stelle, an der man seinen ursprünglichen Ball sucht. Grundsätzlich gilt: Maximal fünf Minuten Suchzeit stehen zur Verfügung. Danach gilt der Ball als verloren.

Beim Suchen darf man Büsche und Gräser berühren. Allerdings ausschließlich, um seinen Ball zu finden, keineswegs ein „Nest bauen", um dadurch die Lage des Balls, seinen Stand, Schwung oder seine Spiellinie zu verbessern.

Ein Ball wurde gefunden?

Bevor man kontrolliert, ob es sich um den verloren gegangenen Ball handelt, muss der Zähler informiert werden. Damit ist er in der Lage, das Markieren, Aufnehmen und Identifizieren zu beobachten. Der Ball darf dabei nur so viel gereinigt werden, bis er als der Eigene erkennbar ist.

Was heißt eigentlich Ball „bewegt sich"?

Im hohen Gras kann es leicht passieren, dass sich der Ball, nachdem man ihn angesprochen hat, bewegt. Dafür muss man sich einen Strafschlag zählen – und darf nicht vergessen, den Ball zurückzulegen. Ein Ball gilt als bewegt, wenn er seine Lage verlässt und anderswo zur Ruhe kommt. Ein Ball hat sich nicht bewegt, wenn er nur leicht hin- und herwippt. Einzige Ausnahme: Bewegt der Ball sich zweifelsfrei durch etwas anderes als den Spieler, so ist dies straflos. Verursachte die Bewegung etwas nicht zum Spiel Gehöriges, zum Beispiel ein Mitspieler, muss der Ball zurückgelegt werden, war es aber der Wind, wird der Ball von dort gespielt, wo er hingeweht wurde.

7. Kapitel: Die wichtigsten Regeln

Droppen oder legen?
Und wie steht's mit Auskunft geben?

Glück gehabt: Auf kurz gemähter Fläche darf der in sein Einschlagloch eingebohrte Ball markiert, aufgehoben, gereinigt und straflos so nahe wie möglich daneben fallen gelassen werden. Nicht möglich ist das im *Semirough* oder im *Rough*, denn „kurz gemäht" ist als „Fairway-Höhe oder kürzer" im Regelwerk definiert. Darf man vor dem Schlag einen Mitspieler nach der Spiellinie fragen? Auch wie viele Meter es noch bis da und da hin sind? Oder ob die Fahne vorn oder hinten steckt? Ja! Nicht erlaubt ist allerdings die Nachfrage, wie der Mitspieler den nächsten Schlag spielen wird. Zwei Strafschläge handelt sich auch ein, wer einen Mitspieler fragt, welcher Schläger gerade gespielt wird oder wurde. Gibt der Gefragte eine Antwort, erhält auch dieser zwei Strafschläge. Nur wer ungefragt eine Auskunft über die Spielweise des anderen erhält, bleibt straflos.

Auf einmal ist der Ball weg

Auf dem Weg zum nächsten Schlag, jeder hat es gesehen, ist eine Krähe mit dem Ball im Schnabel weggeflogen. Oder ein Hund oder ein Eichhörnchen hat ihn stibitzt. Die Regel sagt: Wird ein Ball durch etwas nicht zum Spiel Gehörendes entwendet, so ist es straflos, einen neuen Ball einzusetzen. Ebenso gilt, wenn jemand, der nicht der Spielgruppe angehört, zum Beispiel ein Wanderer, den Ball bewegt hat, dann muss er ohne Strafe zurückgelegt werden.

Lose hinderliche Naturstoffe

Beim Wegnehmen von losen Naturstoffen, wie Blätter, Tannenzapfen und Zweige, darf der Ball sich nicht bewegen. Sonst zieht man sich einen Strafschlag zu und muss den Ball zurücklegen, bevor man schlägt. Solange lose Naturstoffe nicht am Ball haften, dürfen sie entfernt werden. Dazu zählen auch Dung, Insekten und Steine. Ebenso Sand und Erde. Sie dürfen im Gelände nicht entfernt werden. Nur auf dem Grün sind Sand und Erde lose hinderliche Naturstoffe.

Bewegliche Hemmnisse

Gegenstände wie Flaschen, Dosen, Papier oder Rechen gelten als bewegliche Hemmnisse. Keine Strafe gibt es, wenn beim Fortbewegen von beweglichen Hemmnissen, dazu zählen auch bewegliche Entfernungsmarkierungen, der Ball bewegt wird. Er muss jedoch immer straflos zurückgelegt werden.

7. Kapitel: Die wichtigsten Regeln

Wenn „unbewegliche Hemmnisse" den Schlag behindern

Wenn, wie es im Regeldeutsch heißt, von Menschenhand Geschaffenes ins Spiel kommt und Schwung oder Stand durch „unbewegliche Hemmnisse" auf dem Platz behindert werden, darf man überall, ausgenommen der Ball liegt in einem *Wasserhindernis*, straflos droppen und weiterspielen. Mit dem Boden fest verbundene Bretter und Holzschwellen gelten als sogenannte „unbewegliche Hemmnisse". Hier dürfen wir *Erleichterung* in Anspruch nehmen – aber nur, wenn wir im Schwung oder im Stand behindert werden.

Auch im *Bunker* erlauben unbewegliche *Hemmnisse* einen straflosen *Drop*, nur im Wasserhindernis gibt es keine straflose Erleichterung.

Wenn man Hochspannungsleitungen oder Masten trifft, greift in den meisten Fällen eine *Platzregel*, dass der Schlag straflos wiederholt werden muss. Gibt es keine Platzregel, wird der Ball weitergespielt, wie er liegt.

Kein Free-Drop möglich, wenn die Hütte den Ballflug stört

Eine Blitzschutzhütte ist zwar auch ein Hemmnis im Sinne der Regeln, aber nur weil sie auf der Spiellinie des Balls stört, reicht das nicht aus, um den Ball straflos zu droppen.

So wird beim Free-Drop verfahren

Künstlich angelegte Fahrwege, Begrenzungen von Wegen und Straßen sowie Sprinklerdeckel und Hinweisschilder sind ebenfalls, wenn sie fest verankert sind, unbewegliche Hemmnisse. Man sucht den nächsten (nicht den nützlichsten) Punkt ohne Behinderung für den Schlag, wie man ihn an der Stelle gespielt hätte, von der man droppen möchte, und kann dort den Ball innerhalb einer Schlägerlänge von diesem Punkt straflos fallen lassen.

Straflos „spielunbrauchbaren Ball" austauschen.

Sieht man, dass der eigene Ball beschädigt ist, darf man, wie auf dem gesamten Gelände, einen „spielunbrauchbaren Ball" in Absprache mit seinem Mitspieler austauschen.

7. Kapitel: Die wichtigsten Regeln

Im Zweifelsfall zwei Bälle spielen

Die Profis auf der *Tour* kennzeichnen die Zone der abgemessenen Schlägerlänge für den *Free-Drop* (wird immer mit einer Schlägerlänge, meist einem Driver, gemessen) mit Tees.

So vermeiden sie Missverständnisse. Dennoch kommt es nicht selten zu Diskussionen über die Art des Droppens oder über sonstige Regelauslegungen. Bei Unklarheit spielt man am besten zwei Bälle. Einen nach Auslegung des *Zählers* und einen nach eigenem Ermessen. Beide Ergebnisse werden für das betreffende Loch auf der *Score-Karte* notiert und nach der Runde der Wettspielleitung zur Entscheidung vorgelegt. So ein Vorgehen erstickt jede Diskussion im Keim, und es gelingt leichter, wieder die ganze Konzentration auf sein Spiel zu richten.

Zeitweiliges Wasser – Erleichterung

Kommt ein Gewitter auf, handelt es sich um einen der seltenen Fälle, in denen der Spieler allein entscheiden kann. Er muss diese Entscheidung der Spielleitung so schnell wie möglich melden. Hält die Spielleitung die Unterbrechung nicht für gerechtfertigt, ist der Spieler disqualifiziert. Dies wird meist dann der Fall sein, wenn die Spielleitung nicht von sich aus das ganze Wettspiel unterbricht.

Bei einem nassen Platz wird oft mit *Besserlegen* gespielt. Das muss aber durch die Spielleitung bekannt gegeben werden. Man darf den Ball aufheben, von Schmutz befreien und je nach Platzregel meist innerhalb einer Score-Kartenlänge wieder hinlegen, jedoch niemals näher zum Loch. Diese Bestimmung gilt nur für Bälle, die auf der Spielbahn oder auf dem Vorgrün liegen.

Drohende Regenschauer sind kein Grund, aufzuhören und das Turnier zu unterbrechen. Doch nach starken Regengüssen muss niemand den Ball aus einer Pfütze schlagen. Landet der Ball im zeitweiligen Wasser, darf man sich straflos in nächstgelegenes, trockeneres Gebiet bewegen – und dort eine Schlägerlänge, nicht näher zum Loch, den Ball droppen.

Erleichterung darf auch auf dem Grün gesucht werden. Liegt zeitweiliges Wasser in der Putt-Linie, kann man das Prozedere von „Boden in Ausbesserung" anwenden.

Der Sandbunker

Als Bunker gilt normalerweise eine mit Sand gefüllte Vertiefung. Die Sandbeschaffenheit darf in keiner Form vor dem Schlag geprüft werden. Der Boden im Bunker darf erst beim Schlag berührt werden. Wer ihn schon im Rückschwung berührt, erhält Strafschläge. Der Spieler spielt den Ball, wie er liegt. Bei einer Mehrfachberührung muss sich der Spieler einen Strafschlag dazuzählen.

Ball identifizieren ist im Bunker erlaubt. Auch hier gilt: als Erstes den Zähler informieren. Sonst gibt's einen Strafschlag. Bevor man den neu ins Spiel gebrachten Ball mit Strafschlag droppt, darf man den Sand glatt rechen. Passiert es dennoch einmal, dass ein falscher Ball aus dem Hindernis geschlagen wurde, sagt die Regel: Die bereits erfolgten Schläge mit einem falschen Ball zählen nicht. Man muss zurück zu der Stelle, an der die Verwechslung passierte, und das Loch mit dem richtigen Ball zu Ende spielen. Für diesen Fehler gibt es zwei Strafschläge. Wird vor Korrektur des Fehlers am nächsten Loch abgeschlagen, ist man disqualifiziert. Im Zählspiel für die Runde, im Stableford nur für das letzte Loch.

Zeitweiliges Wasser im Bunker

Hier darf man den Ball ohne Strafschlag in den Sand fallen lassen, nur nicht näher zum Loch.

Mit einem Strafschlag können wir auch an den Platz zurück, von dem wir zuletzt spielten.

Um Entfernung einzusparen, erlauben uns die Regeln, auch direkt hinter dem mit Wasser gefüllten Hindernis auf dem Rasen zu droppen – auf einer gedachten, geraden Linie zwischen der Ballposition in der Bunkerpfütze, dem Loch und dem Punkt, von dem wir den Ball mit Strafschlag spielen wollen.

7. Kapitel: Die wichtigsten Regeln

Weiße Markierungen bedeuten meist Aus-Grenze

Die Aus-Grenze ist in der Regel mit weißen Markierungen oder einem Zaun deutlich gekennzeichnet. Ein Ball, der jenseits der Golfplatzgrenze landet und liegen bleibt, gilt als Ball im Aus. Die exakte Grenze ist die Platz-Innenkante der Zaunpfähle beziehungsweise die zum Platz hin gelegene Seite der Linie. Wird das Aus durch eine Bodenlinie gekennzeichnet, so ist die Linie selbst also im Aus. Wenn der Ball im Flug die Ausgrenze überschritten hat und glücklicherweise wieder aufs Golfgelände zurückfliegt, -rollt oder -springt, ist er weiterhin regulär im Spiel.

Wenn man unsicher ist, ob der erste Ball noch im Spiel ist, unbedingt einen provisorischen Ball – Nummer oder Kennzeichen den Mitspielern mitteilen – nachschlagen. Es ist obligatorisch, diesen wörtlich als *provisorischen Ball* anzukündigen, sonst ist er ein neuer Ball im Spiel und der ursprügliche Ball gilt als verloren. Ist ein Ball in einem Wasserhindernis gelandet, gibt es dafür andere Regeln.

Liegt der Ball „innerhalb", nahe an einem Pfosten oder an einem Aus-Zaun, hat man keinen Anspruch auf straflose Erleichterung. Der Ball muss gespielt werden, wie er liegt. Wenn das nicht geht, kann man den Ball nur für unspielbar erklären und zum Beispiel innerhalb von zwei Schlägerlängen nicht näher zum Loch droppen. Das kostet aber einen Strafschlag.

Man darf im Aus stehen, um einen Ball zu spielen, der sich noch innerhalb der Platzgrenze befindet.

Blaue Pfosten bedeuten Boden in Ausbesserung

Die Regel „Boden in Ausbesserung" kommt häufig zum Einsatz bei Platzarbeiten und bei Beschädigungen entlang der Bahnen oder der Grüns. Mitunter bleiben dort Abfälle (Schnittgut vom Mähen) liegen, die ins Spiel kommen. Liegt der Ball bei oder auf zum Abtransport angehäuften Blättern, die zusammengerecht wurden, darf man straflose Erleichterung beanspruchen. Keine straflose Erleichterung gibt es, wenn ein Ball zwischen Blättern liegt, die vom Baum gefallen sind. Diese Blätter darf man beseitigen, vorausgesetzt, der Ball wird dabei nicht bewegt. Kein Spieler kann von sich aus eine Fläche zu „Boden in Ausbesserung" bestimmen. Wenn nicht eindeutig blaue Pfosten oder Markierungen (können auch weiß sein) die Fläche anzeigen, kann die Regel nicht in Anspruch genommen werden.

Landet der Ball an einer mit blauen Pfosten oder markierter Bodenbegrenzung gekennzeichneten Stelle, darf man von der nächstgelegenen Position ohne Behinderung, aber nicht näher zum Loch, innerhalb einer Schlägerlänge „Boden in Ausbesserung" in Anspruch nehmen und straflos droppen.

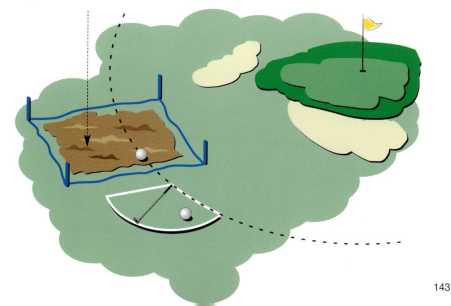

Rote Markierungen bedeuten seitliches Wasser

Berührt ein Ball die rote Linie eines Wasserhindernisses, so befindet er sich im *Wasserhindernis*. Grundsätzlich darf der Spieler den Ball im „roten Hindernis" spielen, wie er liegt.

Es kann auch sein, dass der Ball in einem seitlichen Hindernis wie in einem Graben liegt, der ausgetrocknet ist. Es bleibt laut Regel ein Wasserhindernis. Vor dem Schlag dürfen wir weder Ball, Boden noch Wasser mit dem Schläger berühren. Wer im Rückschwung etwas Angewachsenes berührt oder bewegt, verstößt nicht gegen die Regeln und zieht sich keinen Strafschlag zu. Jedoch dürfen im Rückschwung keine losen, hinderlichen Naturstoffe oder das Wasser berührt werden.

Nur die Vorwärtsbewegung gilt als Schlag, und dabei darf der Schläger die soeben genannten losen, hinderlichen Naturstoffe oder das Wasser berühren. Wenn beispielsweise ein Stein, ein Zweig oder ein Tannenzapfen neben dem Ball liegt und stört, muss der Ball gespielt werden, wie er liegt. Nur Künstliches, wie Getränkedosen oder Zigarettenkippen, darf man vor dem Schlag straflos entfernen.

Um den eigenen Ball klar zu erkennen, erlauben die Regeln, ihn zu markieren und zu identifizieren. Der Zähler muss vorher informiert werden, damit er dass Prozedere überwachen kann. Wenn der Zähler nicht informiert wurde, gibt es einen Strafschlag.

Eine Sonderheit müssen wir beachten: Ist ein Wasserhindernis gleichzeitig ein *Biotop*, darf auf keinen Fall darin gesucht oder gar gespielt werden. Landet der Ball im Biotop, muss man einen neuen Ball mit Strafschlag ins Spiel bringen.

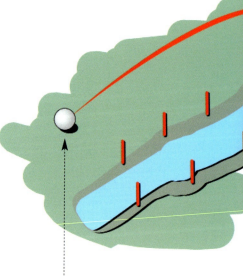

Zurück zum Ausgangspunkt. Hier verliert man im Vergleich zu den anderen Optionen zusätzlich Entfernung. Zudem erhält man ebenfalls einen Strafschlag.

Wo der Ball zuletzt die Grenze überquerte, droppt man außerhalb des Hindernisses einen Ball innerhalb zweier Schlägerlängen, nicht näher zum Loch. Man erhält dafür einen Strafschlag. Stellt man fest, der Pfosten stört, darf man ihn vor dem Schlag entfernen.

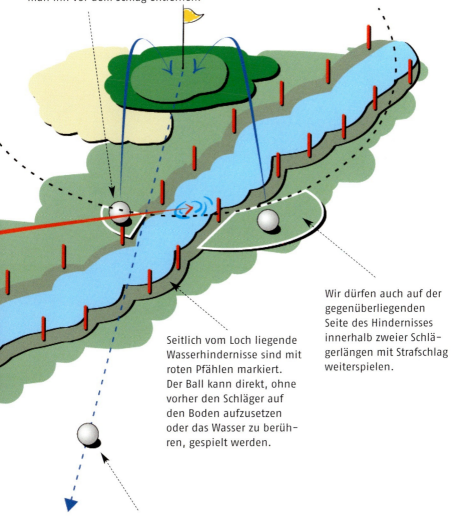

Seitlich vom Loch liegende Wasserhindernisse sind mit roten Pfählen markiert. Der Ball kann direkt, ohne vorher den Schläger auf den Boden aufzusetzen oder das Wasser zu berühren, gespielt werden.

Wir dürfen auch auf der gegenüberliegenden Seite des Hindernisses innerhalb zweier Schlägerlängen mit Strafschlag weiterspielen.

Wie weit man auf der gedachten verlängerten Linie vom Loch zu der Stelle, wo der Ball zuletzt das Wasserhindernis überquerte, zurückgeht, spielt keine Rolle. Auf der Linie droppen, spielen und einen Strafschlag hinzurechnen.

Gelbe Markierungen bedeuten Wasserhindernis

In der Regel werden „normale Wasserhindernisse" durch die Spielleitung vor Wettspielen mit gelben Pfosten, Linien oder Marker gekennzeichnet. Der erste Schritt zur Schadensbegrenzung: Nach einem Schlag ins Wasser fällt Spielen flach, der Ball gilt als verloren – es gibt einen Strafschlag.

Man kann zu der Stelle, an der der Ball die Grenze des Hindernisses zuletzt kreuzte, gehen und einen neuen Ball auf der verlängerten Linie: Loch-Kreuzungspunkt droppen.

Man kehrt zum Ausgangspunkt zurück und muss erneut den Schlag und die gesamte Entfernung bewältigen. Diese Möglichkeit wird selten genutzt.

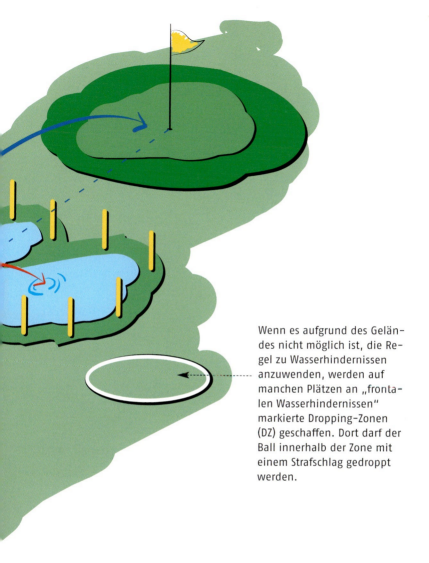

Wenn es aufgrund des Geländes nicht möglich ist, die Regel zu Wasserhindernissen anzuwenden, werden auf manchen Plätzen an „frontalen Wasserhindernissen" markierte Dropping-Zonen (DZ) geschaffen. Dort darf der Ball innerhalb der Zone mit einem Strafschlag gedroppt werden.

Das Vorgrün ist noch lange kein Grün

Zwischen *Grün*, *Sandbunker* und Wasserhindernissen werden häufig aus Unwissenheit Regeln übertreten. Auf dem Grün darf man Sand und lose Erde vor dem Schlag aus dem Weg räumen. Aber nicht auf dem Vorgrün. Auch eine *Pitchmarke*, wenn sie auf der Spiellinie liegt, darf nicht außerhalb des Grüns beseitigt werden, sonst erhält man zwei Strafschläge. Die gibt es auch, wenn man ein Insekt verscheucht und dabei den Ball berührt oder bewegt.

7. Kapitel: Die wichtigsten Regeln

Auf dem Grün geht es genau zu

Ein Ball gilt auf dem Grün liegend, auch wenn nur ein Teil das Grün berührt. Er darf also markiert, aufgenommen und gereinigt werden. Wenn übrigens ein Ballmarker des Mitspielers auf der Putt-Linie stört, darf man ihn zur Seite markieren lassen. Aber immer daran denken, dass man ihn zurücklegen muss. Andernfalls zählt der folgende Putt und es gibt zwei Strafschläge fürs Spielen vom falschen Ort. Manchmal kommt es zu unbedachten Schritten. Ein versehentlich vom Putter oder unter der Schuhsohle mitgenommener Marker muss an die ursprüngliche Stelle zurückgelegt werden. War es der eigene Marker, ergibt sich durch das Bewegen ein Strafschlag, denn der Marker hat den gleichen Status wie der Ball: Er darf nicht bewegt werden, es sei denn, seine Lage wäre markiert.

Straflos dagegen bleiben die Folgen eines Windstoßes, der den Ball bewegt: Es muss von der neuen Stelle weitergespielt werden.

Das ist auf dem Grün erlaubt …

> *Pitchmarken* – auch auf der *Putt-Linie* – beseitigen, sowohl das eigene Einschlagloch, wie alle anderen in der Nähe.

> Lose, hinderliche Naturstoffe, wie Sand, zum Beispiel mit der Mütze, von der Putt-Linie beseitigen.

> Käfer auf der Putt-Linie verscheuchen, auch wenn dabei die Putt-Linie berührt wird.

> Wenn ein Ball durch eine Ballmarke abgelenkt wird, bleibt das auch ohne Folgen. Bei „Spielzufall" muss weitergespielt werden, wie der Ball liegt.

… nicht erlaubt

> Grundsätzlich darf das Grün nicht mit der Hand berührt werden, um anzuzeigen, wie der Putt verläuft.

> Es dürfen keine Spikeabdrücke heruntergedrückt werden, die Vorgänger fahrlässig hinterlassen haben.

> Wird der Ball bei der Ansprache oder beim Übungsschwung bewegt, zählt das als ein Strafschlag. Nicht vergessen: Der Ball muss wieder in seine ursprüngliche Lage zurückgelegt werden.

> Länger als zehn Sekunden zu warten, ob der Ball von der Kante noch ins Loch fällt.

Regeln und Etikette erleichtern das Spiel

Etikette basiert im Grunde auf gegenseitiger Rücksichtnahme, sie dient der Sicherheit und der Schonung des Golfplatzes. Setzt ein Mitspieler zum Schwung an, verhalten wir uns ruhig.

Telefone auf dem Platz zu nutzen, ist unhöflich. Stört es einen Spieler im Schlag, der dann auch noch misslingt, kann dies als schwerwiegender Etiketteverstoß angesehen werden (eine Disqualifikation ist möglich). Ein Telefonat anzunehmen oder jemanden anzurufen, während man auf den nächsten Abschlag wartet oder auf dem Weg zum Ball ist, sollte im Einzelfall nicht anders behandelt werden, als wenn man sich vor Ort mit einer anderen Person unterhält. Während Regelverstöße mit Strafschlägen geahndet werden, bleiben Fehltritte bei der Etikette meist straflos. Lautes Gelächter, schrille Zurufe und Probeschwünge des Mitspielers während der Schlagvorbereitung zeugen von schlechtem Benehmen.

Dies alles gehört zur Etikette

> Nie andere Personen gefährden. Nach verschlagenem Ball lieber einmal mehr „Fore" als einmal zu wenig rufen.

> Zügig spielen, stets auf seinen Schlag vorbereitet sein.

> Aus Zeitgründen kann man sich mit seinen Mitspielern einigen, dass ein Ball von außerhalb des Grüns schon mal gechippt wird, obwohl ein anderer zum Putten auf dem Grün weiter entfernt liegt.

> „Schlag du zuerst" – das ist in Ordnung und im Grunde kein Vergehen, wenn sich niemand damit einen Vorteil verschafft.

> Bunker harken, Pitchmarken ausbessern und Divots zurücklegen.

> Im Zweifel bei Schlägen ins Aus oder ins hohe Rough immer einen provisorischen Ball spielen.

> Wenn man einen Ball nicht gleich findet, nachfolgende Spieler durchspielen lassen.

> Erst schlagen, wenn man sicher ist, dass die Gruppe von Spielern, die sich vor einem befindet, außer Reichweite ist.

> Umwege vermeiden. Niemals die Golftasche oder den *Trolley* vor dem Grün lassen, wenn der Weg zum nächsten Abschlag hinter dem Grün weiterführt.

> Seine Schlagzahl erst am nächsten Abschlag notieren.

Wenn's drauf ankommt

Um erfolgreich Wettspiele zu bestreiten, braucht man eine stabile, mentale Seite und eine bewährte *Routine*. Sobald die Basisschläge sitzen, eröffnen feste Abläufe neue Perspektiven. Vertraute Vorbereitungen und bewährte Bewegungen zu etablieren, an ihnen zu arbeiten und sie einzutrainieren, bringt Schlag für Schlag in entscheidenden Momenten mehr Sicherheit und Verbesserungen ins Spiel.

< Flugbahn von unten betrachten. So erhält man die beste Perspektive für die Flugbahn des Balls und die Wahl eines genügend steil stehenden Schlägers.

8. Kapitel: Turniere spielen

Jeder braucht sein Einschlagmodell

Eine Runde Golf wird zu über 40 Prozent aus Putten, zu über 20 Prozent aus dem Schlagen eines Wedges und zu rund 25 Prozent aus dem Spielen von Hölzern entschieden. Unterm Strich sind es 85 Prozent des Rundenergebnisses. Je nach Spielstärke, mal mehr, mal weniger, fällt der Anteil der Prozente aus. Grund genug, den drei Spielmachern die notwendige Aufmerksamkeit zukommen zu lassen.

Auf dem Einspielprogramm steht ganz oben: sinnvolles Spielen einiger Bälle. Plötzliche Anfälle von körbeweise Bälle rausklopfen, von Schwungarbeiten oder gar Umstellungen unterdrückt man bei seiner Einschlagroutine konsequent. Es ist der falsche Zeitpunkt, falsche Ort! Und Bunkerschläge üben – ja oder nein? Befürworter sagen: Wenn man schon auf der Range im Sandbunker war, braucht man die erste Begegnung mit Sand auf dem Platz nicht zu fürchten. Zudem weiß man mit ein paar Schlägen etwas über die Beschaffenheit des Sands.

Andere halten vor der Runde wiederum nichts vom Bälleschlagen aus dem Sand. Sie sagen, rein statistisch liegt man, je nach Spielstärke und Taktik, nur wenige Male im Bunker. Es lohnt sich überhaupt nicht, vorher in den Übungsbunker zu gehen. Sie glauben zudem fest daran, wenn ihr Ball schon mal im Bunker landen sollte, sind sie „garantiert" in der Lage, ihn auf Anhieb rauszubekommen.

Zurück zum Ablauf des Einspielens. Nacheinander schlägt man mit dem Pitching-Wedge vor der Runde ein paar Bälle mit verkürztem Schwung auf unterschiedliche Entfernungen. Dann folgen volle Schwünge: Eisen 8, 6, 4, Rescue, Holz 3, Driver und Pitches. Überhaupt alle Schläge weich und rund schwingen – und nach „Normalen" die Entfernung kontrollieren. Egal wie man von der Tagesform her schwingt, jeder Schlag wird möglichst im gleichen Tempo durchgezogen. Im Verlauf seiner Aufwärmroutine kann man sich aufs Schwunggefühl konzentrieren und einen oder maximal zwei Schwunggedanken für den Tag festlegen.

Profis shapen zum Schluss noch etwas fürs gute Gefühl mit Eisen 8, 6 und Holz 3. Shapen ist das absichtliche Anschneiden des Balles, um Hindernisse zu umspielen. Sie schlagen Fades und Draws mit den Schlägern, die sie voraussichtlich bei den Par-3s auf dem Platz einsetzen werden. Dabei visiert man immer nur ein Ziel an. So holt man sich Erfolgserlebnisse, bevor man mit vollen Schwüngen weitermacht. Erst wenn der Schwungrhythmus für den Tag gefunden wurde, wird der Ball für den Driver aufgeteet – weil er gleich am 1. Abschlag dran ist – und mit ganzer Schlagvorbereitungs-Routine gespielt. Manche drehen das Ganze um und wollen lieber zum Abschluss einige kurze Schläge machen.

Danach, nicht so hastig, geht's im Platztempo aufs Übungsgrün zum Chippen und Putten. Hier konzentriert man sich aufs Gefühl fürs Tempo des Balls.

Verschafft sich durch lange Chips und Putts einen Eindruck von der Schnelligkeit des Grüns. Nur mit einem Ball, das zwingt zu mehr Konzentration. Andere schwören auf zwei Bälle fürs Einspielen, weil sie sehen wollen, ob sie das gleiche Tempo wieder hinkriegen. Mit so genannten kurzen Putts aus eineinhalb und zwei Metern Entfernung zum Loch, wird aufgehört. Das soll das Selbstvertrauen fördern, wenn der erste Putt ansteht. Jeder so, wie er mag!

Sich mit fremdem Platz vertraut machen

Gute Golfer wollen jedes Loch vor einem Wettspiel schon einmal gespielt haben. Es bringt ihnen viel, zu wissen, wie weit Hindernisse entfernt sind und wo sie exakt lauern. Zudem wollen sie sich auf die Platzverhältnisse einstellen. Wie spielt es sich aus dem Sand oder gar im hohen, dichten Gras? Von welcher Seite ergeben sich gefahrenfreie Wege zum Grün?

Mit einer Einspielrunde erhält man die Chance, sich ein genaues Bild vor Ort zu verschaffen, seine Schläge vom Abschlag bis zur Fahne einzuteilen und in aller Ruhe eine Strategie für die momentane Spielstärke festzulegen. Dabei kann man auf die alte Faustregel zurückgreifen: Von 18 Löchern sind sechs so konzipiert, dass man sie eigentlich angreifen kann. Bei sechs weiteren, nennen wir sie normal, sollte man halbwegs auf der Hut sein. Und bei den letzten sechs wird's eng. Es sind die schwersten Löcher auf dem Platz, die man vom Handicap her meist auf Nummer sicher angehen sollte. Deshalb bringt man hier die meisten Testbälle zum Einsatz, um ein Gefühl zu entwickeln, mit welchem Schläger man am besten zurechtkommen könnte.

Danach notiert man sich die Schlägernummer. Hält fest, an welcher Stelle auf dem Grün der Putt leichtfällt. Oder an welchem Loch man den Driver besser stecken lässt. Mit all den Erkenntnissen wird es im Ernstfall einfacher, seine Spielräume festzulegen und dem Platz beim Wiedersehen zu begegnen.

Verlässliche Resultate durch Beständigkeit erreichen

Eingeschliffen zu sein, gilt oft als negativ. Nein, sagen wir zu Schlag-Routine-Zweiflern und wechseln kurz vom Rasen aufs Parkett: Beim Tanzen ist auch die Schrittfolge im Kopf verankert, was mit Sicherheit kein Nachteil ist. Ein Tanzpaar, das nicht im Fluss ist, weil einer über den nächsten Schritt erst nachdenkt, wird mit hoher Wahrscheinlichkeit stolpern. Je vertrauter eine Situation ist, desto selbstsicherer und automatischer erfolgt unsere Reaktion darauf.

Wer sich konsequent im Sekundentakt nach seiner Routine richtet, spart auf dem Platz und beim Turnier Energie ein. Daher bringt es viel, seine Schlagroutine so effizient wie möglich zu gestalten, um über 18 Löcher stabil zu bleiben.

Deshalb vor jedem Schlag, wirklich jedem, seine bestimmte Routine in der Vorbereitung durchlaufen. Das einmal entwickelte Set-up soll sich im Zeitrahmen – mit Schläger rausholen, zwischen zwanzig und dreißig Sekunden bewegen. Die durchschnittliche Putt-Routine liegt bei 30 bis 40 Sekunden. Um unter Druck gut zu putten, aber auch zu chippen und zu pitchen, sollte jeder Spieler eine Routine entwickeln, die ihm ein sicheres Gefühl gibt, wenn er über dem Ball steht. Nach einem verschlagenen Ball bleibt man ruhig und zelebriert selbstbewusst – Naserümpfen der Mitspieler ignoriert man – erneut seine Vorbereitungsschritte. Nur nicht nach Rückschlägen anfangen, am Routine-Ablauf zu drehen oder zu variieren, in der Hoffnung, dann hält sie dem besser stand.

Es gibt keine gestanzten Muster. Aus dem Grund sollten alle Bestandteile der Schlagvorbereitung dem persönlichen Temperament und den körperlichen Eigenheiten entsprechen.

Einige neigen dazu, vor dem Start den Kopf leicht nach rechts zu drehen, oder lösen den Schwung durch einen zarten Ruck mit dem rechten Knie in Richtung Ziel aus. Eine weitere Variante ist, vor dem Abschlag mit dem Schläger hinter dem Ball auf der vorgesehenen Schwungbahn des Rückschwungs zu pendeln *(waggeln)*.

Andere fühlen sich im Schnelldurchlauf wohler: Nachdem sie den Ball angesprochen haben, werfen sie nur noch einen kurzen Blick zum Ziel, ziehen den Schläger einmal kurz noch nach hinten und ziehen dann ab. Warum so zügig?

Verfechter des flotten Starts vertreten die Meinung: Je länger man über dem Ball steht, desto eher baut sich innere Spannung auf! Nichts komplizierter machen als nötig. Hundert Vorbereitungsschritte durch die man sich erst durchwühlen soll, braucht keiner. Dabei verkrampfen die Muskeln und im Kopf schwirren immer mehr Gedanken umher. Ebenfalls bringt es wenig, schneller zu werden, wenn es eng wird.

Probeschwünge: ja oder nein?

Übungsschläge im Vorbereitungsritual vermitteln manchen das gewünschte Rhythmus- und Schwunggefühl für den wirklichen Schlag.

Oft dient der Probeschlag dazu, die erforderliche Schwunglänge festzulegen, um den tiefsten Punkt des Schwungbogens korrekt zu bestimmen. Nur so lässt sich im voraus ein solider Ball-Boden-Kontakt abschätzen.

Einige Golfer verzichten auf einen Probedurchlauf. Sie können das gewünschte „gute Gefühl" des Probeschwungs einfach nicht duplizieren und bevorzugen es, gleich draufloszuschlagen. Sie wollen den Schlag nicht verschwenden, weil es der Gute sein könnte. Wenn sie sich mit dieser Vorgehensweise wohl fühlen, warum nicht. Entscheidend bleibt, dass man ungebrochen, auch bei Rückschlägen, an seiner eigenen Schlag-Routine festhält. Manche bauen sich – insbesondere im kurzen Spiel – mit mehreren Probeschwüngen ein bestimmtes Gefühl der Sicherheit auf, bevor sie loslegen. In dem Fall wäre es nachlässig, wenn man sich jedes Mal zu der gleichen Anzahl von Probeschwüngen zwingt.

Auch nach missglücktem Schlag macht mancher sofort Probeschläge, um sein „gutes Gefühl" für den optimalen Bewegungsablauf im Schwung wiederherzustellen.

Schlagvorbereitung im Sekundentakt

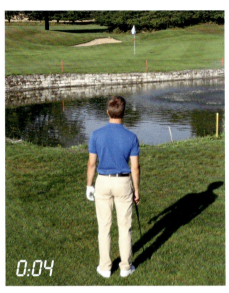

1. Das Gedankenbild

Sich genau vorstellen, wie der Ball fliegen soll, wo er landen und wie weit er rollen wird. Jegliche Unwägbarkeiten auf dem Weg zum Ziel beachten. Danach Schläger auswählen und sich hinter dem Ball aufstellen.

2. Der Probeschlag

Wenn man sich für einen Schlag entschieden hat, bleiben wirklich alle Gedanken zurück. Das Tempo des Rückschwungs muss dem eigenen Temperament entsprechen. Tief ausatmen – das erdet. Und noch mal kurz Blickkontakt zum Zielpunkt aufnehmen.

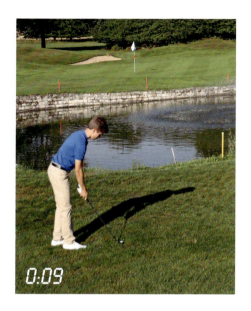

3. Das Startsignal

Einige starten – um die Muskulatur entspannt zu halten und fließend loszuschwingen – entweder mit schwebendem, aufgesetztem oder mit waggelndem Schlägerkopf. Vorher Schlagfläche zum Ziel ausrichten und dann erst den Stand einnehmen.

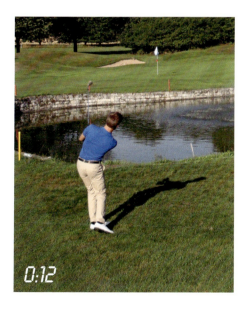

4. Der Schlag

Jetzt wird das ganze Vorbereitungs-Prozedere mit Ball im gleichen Sekundentakt durchgeführt. Ohne wenn und aber geht's zur Sache!

Erst dehnen – dann driven

Wer sich nicht vorbereitet, bereitet die Niederlage vor. Aus dem Auto springen, Schuhe anziehen, auf dem letzten Drücker zum Abschlag laufen und hoffen, zufriedenstellende Ergebnisse nach Hause zu bringen, funktioniert selten. Dass Warmmachen und Einschlagen die Spielbereitschaft vom ersten Schlag an erhöhen, beweisen die Profis.

Sich vor vollen Schwüngen aufraffen, dehnen, strecken, recken, drehen und schütteln ist wichtig – wenn man es richtig macht. Das Schlechteste, was man vor dem Spiel tun kann, ist das Durchhecheln falscher Übungen. Das kann in den meisten Fällen den Körper mehr belasten und schlimmer sein, als gar nichts zu machen.

Manchen genügt es, kurz vor der Abschlagszeit immer zwei kurze Schläger zu nehmen und beide langsam zu schwingen. Befürworter vertreten die Auffassung: „Nach drei Minuten Aufwärmen ist so die Rücken- und Schultermuskulatur locker." Andere überstürzen es etwas weniger mit ihrer Mobilisierung vor dem 1. Abschlag. Sie behaupten, man braucht fürs Aufwärmen der Kernmuskulatur nicht mehr als zwölf Minuten.

Gute Golfer sind häufig eine Stunde vor ihrer Abschlagszeit auf der Driving Range. Sie nutzen jede einzelne Minute zur Vorbereitung. Dabei ist es unerheblich, ob es hochsommerlich warm oder eisig frisch oder regnerisch ist.

Sich stets vorm ersten Schlag mobilisieren

Wir nehmen uns jetzt Zeit und sind beim Stretchen entspannt: Einige Dehnübungen genügen uns völlig, um die Muskeln in Leistungsbereitschaft zu versetzen, Körperspannung aufzubauen und auf die zu erwartenden Anstrengungen einzustimmen.

Die Netto-Par-Methode

Die Summe der Patzer bestimmen den Handicap-Standard eines Spielers! Spielbahnen, die einem trotz respektvollem Umgang den letzten Nerv rauben und immer wieder die eigenen Schwächen bloßlegen, betrachten viele in der Brutto-Zählweise. Warum nicht anfangen, unter Berücksichtigung der persönlichen Spielstärke in Netto zu denken? Diese imaginäre „Netto-Par-Methode" schärft erheblich den Blick fürs momentane *Handicap*. Es zu spielen, heißt ja, seine Höchstleistung anzustreben.

Nach diesem Netto-System wird vieles entspannter und wirklichkeitsnaher: Zum Beispiel fallen mehr Netto-Birdies. Konkret: Es wurde an einem *Par*-3-Loch, an dem man einen Schlag vorhat, mit drei Schlägen ein Brutto-Par gespielt. Selbstverständlich kann man jetzt abwinken und darauf hinweisen, dass bei den Pros nur in Brutto gezählt wird. Doch wir sind Amateure und spielen nach dem Handicap-System.

An einem Par 4 gibt es zwei Schläge vor laut Handicap, gespielt wird die Sechs. Glückwunsch Netto-Par geschafft. Beim nächsten Beispiel, einem Par-5-Loch hat man zwei Handicap-Schläge vor und schießt eine Acht. Mit der Netto-Sichtweise relativiert sich der persönliche Bogey angenehm gegenüber unrealistischem Brutto-Denken. Beim Clubwettspiel sind übrigens bereits alle Vorgabeschläge pro Loch auf der *Score-Karte* gedruckt zu sehen.

Ball kennzeichnen – ja oder nein?

Die Regeln schreiben kein Kennzeichnen des Balls vor – aber um sicherzugehen, dass niemand die gleiche Marke und Nummer spielt, ist es sinnvoll, den eigenen Ball immer zu markieren.

Par-3-Taktik:
Mit Bonusschlägen gewinnen

Es gibt Par-3-Löcher, die es von der Länge her in sich haben und einen zum Platzen bringen. Man kann ihnen aber die Luft rausnehmen, indem man sich einen Bonusschlag gewährt und den Drang unterdrückt, den Ball totzuprügeln. Besser gleich auf halb lang machen und einen *Bogey* in Kauf nehmen, als sich im *Stableford* einen Strich auf der Zählkarte einzuhandeln.

Wenn die Chancen unrealistisch sind, den Ball beim langen Par-3-Loch *carry* aufs Grün zu hauen, wird der Ball aufs Fairway abgelegt. Möglichst auf einer ebenen Lage in sympathischer Entfernung für den nächsten Chip oder einen vollen Schlag mit dem Lieblings-Wedge. Oft entsteht aus der Vorsichtsmaßnahme sogar ein Vorteil. Vor dem meist kurzen Schlag können wir das Grün viel genauer als am Abschlag beurteilen. Neigt sich das Grün zu einer Seite, spielen wir es so an, dass wir von unten nach oben putten.

Auf vielen Plätzen sind Par-3-Löcher überwiegend auf der Seite und vorn – kaum hinten – mit Schikanen in Form von Wasser und Sand versehen. Wer Golf vom Kopf her wie Schach spielt, immer einen Zug voraus ist, wird strategisch auf sein persönliches Bonusspiel setzen können.

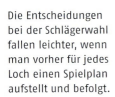

Die Entscheidungen bei der Schlägerwahl fallen leichter, wenn man vorher für jedes Loch einen Spielplan aufstellt und befolgt.

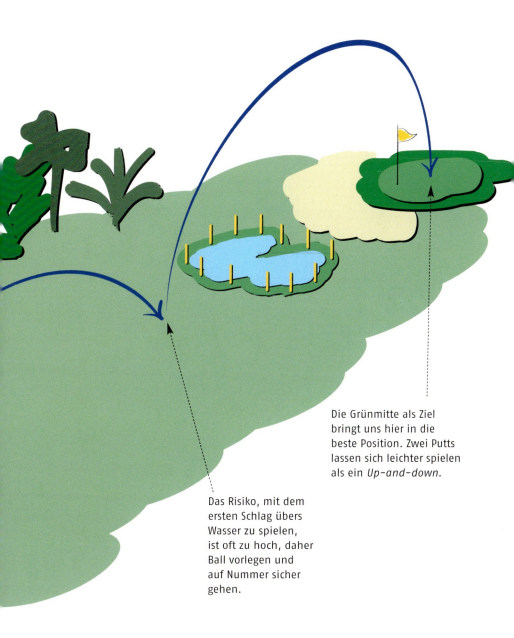

Die Grünmitte als Ziel bringt uns hier in die beste Position. Zwei Putts lassen sich leichter spielen als ein *Up-and-down*.

Das Risiko, mit dem ersten Schlag übers Wasser zu spielen, ist oft zu hoch, daher Ball vorlegen und auf Nummer sicher gehen.

8. Kapitel: Turniere spielen

Par-4-Taktik: Genügend Spielraum vorsehen

Auf welcher Seite lauern Schwierigkeiten, geht's bergab oder bergauf, ist der Boden hart oder weich, woher kommt der Wind? Und in welcher für uns angenehmen Entfernung liegt der Freiraum, damit wir möglichst nicht in Schräglage weiterspielen müssen?

Vor dem Losschwingen teilen wir uns die Distanz für beherrschbare Schlägerentfernungen auf. Bei einem langen und respekteinflößenden Par 4 – die Weiten werden unter Berücksichtigung von Steigung und Gefälle festgelegt, sollten Handicap-Spieler auf Nummer sicher taktieren, es mit drei Eisenschlägen – immer ganze Schwünge – planen. Halben Schwüngen zum Grün aus dem Weg gehen. Sie werden fast gar nicht geübt und sind unter Turnier-Stress in der Entfernung schwer zu erfassen.

Beim Schlag zur Fahne möglichst eine Landestelle mit Ausrollfläche wählen, um sich eine vorteilhafte Putt-Lage für den Abschluss des Lochs zu verschaffen.

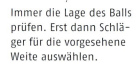

Immer die Lage des Balls prüfen. Erst dann Schläger für die vorgesehene Weite auswählen.

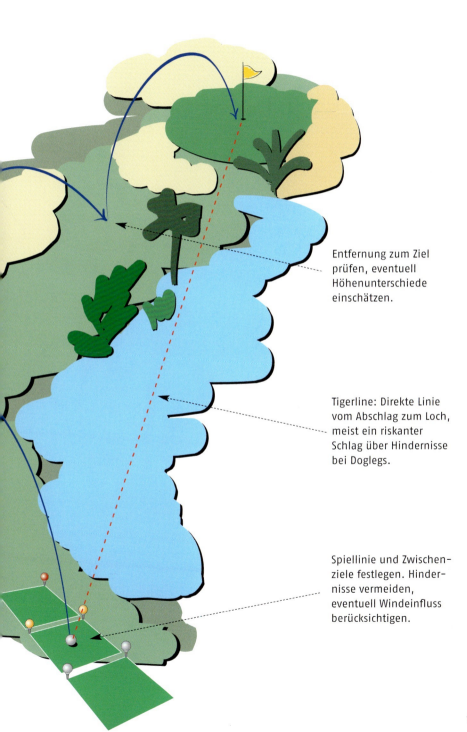

8. Kapitel: Turniere spielen

Par-5-Taktik: Gefahren und „Gewinne" abwägen

„Der Wagemutige kann gewinnen, der Zaghafte wird verlieren", klingt schön, aber der Einsatz des Drivers sollte im Einklang mit der Spielstärke abgestimmt sein. Finger weg, wenn am Abschlag nicht genügend Freiräume für Abweichungen von Fehlschlägen zu sehen sind. Das Hauptziel ist immer: Genauigkeit statt Distanz! Schwerwiegende Folgeschläge aus Hindernissen, oft verbunden mit Strafschlägen, haben schon manche in Schwierigkeiten gebracht, die sich zu waghalsigen Sonntagsschüssen hinreißen ließen.

Deshalb vergessen wir hier schnell den gewagten *Drive*, bei dem der Ball mit hoher Wahrscheinlichkeit im Wald oder Wasser verschwindet. Auch wenn das riskante Manöver letzte Woche, es war herrlich, mit Freunden gelang. Der psychologische Druck ist größer im Golfturnier. Zudem wird auf den Abschlägen von ganz hinten gespielt und die Fahnen auf den Grüns sind gemeiner als sonst platziert.

Der Driver muss für den Abschlag nicht immer der beste Schläger sein. Ein mittleres Eisen vor das Hindernis spielen, links bleiben, ist hier die sicherere Variante.

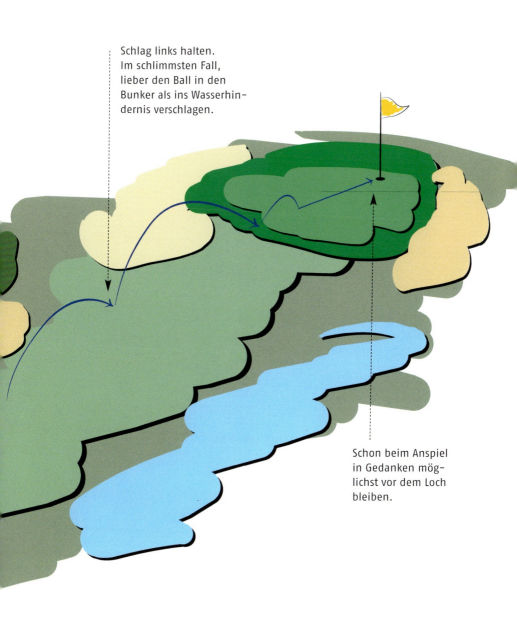

Rough ist nicht gleich Rough

Sicherheit geht vor Schlaglänge

Im schlimmstem Fall nimmt man einen Strafschlag in Kauf. Und so geht's: Die geöffnete Schlagfläche zeigt etwas nach rechts vom Ziel. Die Ballposition ist zwei Ballbreiten rechts von der Standmitte. Man schlägt auf den Ball herunter. In der Ballkontaktzone kaum die Handgelenke benutzen, damit der Ball, nicht gestreift oder getoppt, noch weiter ins Rough ausrollt.

Wie stark wirkt das Semirough

Als Erstes daran denken, den Schlägerkopf steil zu schwingen, damit er möglichst kurzweilig durchs Gras gleitet und präzise auf den Ball treffen kann. Wegen eines wahrscheinlich entstehenden Flyers – der Ball fliegt flacher und rollt weiter – nimmt man in der Regel eine oder zwei Schlägernummern weniger als sonst.

Graslagen rund ums Grün

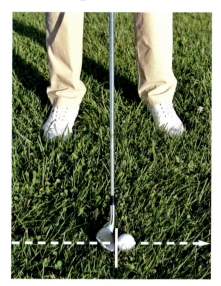 

Schlag mit der Pitching-Wedge

Bei einer relativ guten Lage wird der Ball aus der Mitte des Stands angesprochen und das Schlägerblatt square gestellt. Kinderleicht ist der Schlag, auch wenn manche das *Semirough* als Baby-Rough bezeichnen, noch lange nicht. Im knöcheltiefen Gras ums Grün greifen Amateure bei kurzen Annäherungsschlägen (Approach Shots) automatisch zum *Pitching-Wedge* (PW), ein im Grunde ganz gewöhnliches Eisen 10, das ohne Umschweife in der Lage ist, den Ball sauber zu treffen.

Schlag mit dem Sand-Wedge

Der Sandschläger hat mehr Schlagflächenneigung *(Loft)* als ein PW und eine breitere Rückseite der Schlägersohle *(Flansch)*, etwas sehr Nützliches bei Schlägen aus tiefem Gras. Zum einen hebt die stärkere Neigung des Lofts den Ball schneller in die Luft. Zum anderen entwickelt die breite Sohle im Treffbereich eine stärkere Abprallwirkung. Auch wenn man etwas hinter den Ball schlägt, verzeiht das ein *Sand-Wedge* noch eher als ein Pitching-Wedge, das sich deutlich schneller in den Boden eingräbt und den Ball „fett trifft" und somit oft zu kurz lässt.

Beherrschen wir das Wetter?

Natürlich spielt es sich bei Traumwetter leichter. Schwerer wird es, wenn der Wind kräftig bläst, der Regen nicht aufhören will und klirrende Kälte die Glieder lähmt – da verliert man schnell sein Schlaggefühl.

Deshalb bereiten wir uns frühzeitig auf Wetterwechsel vor, indem wir alles Notwendige in der Golftasche haben.
So können wir im Fall der Fälle rasch den Schirm aufspannen, Regenjacke und Regenhose – sie schützen auch vor kaltem Wind hervorragend – anziehen. Wasserabweisende Schuhe tragen wir sowieso immer. Damit man sich vor jedem Schlag die Hände trocken reiben kann, hängen wir ein Handtuch ins Schirmgestänge. Mit klammen, nassen Fingern verlieren wir jegliches Gefühl, schwungvoll zu agieren. Fingerhandschuhe für beide Hände helfen. Regenhut oder Schirmmütze verhindern, dass Wasser ins Gesicht läuft. So bedeckt und eingehüllt, sind wir natürlich in der Drehbewegung blockiert und schwingen verkürzter auf. Zum Ausgleich greifen wir mindestens eine Schlägernummer länger.

Damit die mentale Einstellung bei Regen und schlagartigem Wetterwechsel intakt bleibt, betrachten wir Regen und Kälte einfach zum Spiel gehörend. Denken: Lass die Mitspieler ruhig übers Wetter klagen und zagen, jeder einzelne von ihnen schließt sich so durch seine Miesepeter-Stimmung selbst aus dem Kreis der Spieler aus, die wahrscheinlich am Ende um den Sieg spielen.

Wirkt sich Nässe aufs Ballverhalten aus?

Liegt ein dünner Wasserfilm zwischen Ball und Schlagfläche, reduziert das den Spin erheblich und fördert einen unberechenbaren Flyer. Wie im hohen Rough, wenn Gras zwischen Ball und die Rillen *(Grooves)* des Schlägerblatts gerät. Viel Wasser bewirkt das Gegenteil: Der Schlag wird gedämpft, fällt wesentlich kürzer aus. Wer einen sauberen Ballkontakt will, weiß, wie wichtig es ist, die Schlagfläche vor jedem Einsatz von Dreck, Grashalmen und Wassertropfen zu putzen.

Wenn „*Besserlegen* erlaubt" ist, den Ball ausnahmslos – auch nach dem Markieren – immer säubern und trocken reiben. Nur so kann man einen sauberen Ballkontakt erzielen, eine wichtige Voraussetzung, dass *Annäherungsschläge* möglichst mit Spin auf dem Grün liegen bleiben.

„Wenn Gott durchspielen will, dann wink ihn durch"

Kumulonimbus-Wolken künden in unseren Breitengraden im Sommer und Herbst Gewitter an. Ob wir noch ausreichend Zeit haben, ins Clubhaus zu flüchten, zeigt uns die Spanne zwischen Blitz und Donner.

Der Donner breitet sich mit Schallgeschwindigkeit aus. Die durch drei geteilte Sekundenzahl zwischen Blitz und Donner zeigt etwa die Entfernung des Gewitters in Kilometern an: Verstreichen neun Sekunden, ist das Gewitter noch drei Kilometer entfernt. Aber Achtung, beträgt die Zeitspanne nur eine Sekunde oder weniger, befindet sich das Gewitter direkt über dem Platz.

Wenn Blitz und Donner uns überraschen, unterbrechen wir die Golfpartie, egal wie großartig wir im Score liegen, und machen uns schnell aus dem Staub, suchen Unterschlupf im nächstgelegenen Gewitterhäuschen. Erreichen wir das nicht mehr rechtzeitig, suchen wir Schutz in einer Bodenmulde oder einem Fairway-Bunker, dort nehmen wir eine kauernde Stellung ein. Weit weg von Bäumen, glitzernden Wasserhindernissen, den häufig erhöht liegenden Grüns mit meist metallener Fahnenstange, die Blitze bekanntermaßen anzieht.

Mindestens fünfzig Meter weit weg stellen wir das mit „Antennen" gespickte Golfbag ab und achten darauf, dass wir in der Eile und Aufregung ja keinen Schläger in der Hand behalten. Hand- und Motorgolfwagen gewähren übrigens keine Sicherheit, denn nur eine geschlossene Umhüllung aus Blech oder Maschendraht bildet einen Faraday'schen Käfig.

Der guten Ordnung halber: Der amerikanische Profigolfer Lee Buck Trevino hat die Aussage, siehe Überschrift, von sich gegeben, nachdem er vom Blitz getroffen wurde.

Wenn der Wind über den Platz pfeift

Am Abschlag prüft man den Wind, woher er ins Spiel eingreift. Jetzt ist jeder im Vorteil, der den Ball auf Anhieb hoch oder flach zu schlagen vermag. Das Gefühl dafür entwickelt sich im Laufe der Jahre. Man bekommt ein Gespür, wenn der Wind heimtückisch leicht um die Nase weht, in der Luft aber wesentlich stärker ist. Ein Blick in die Baumkronen verrät es: Gegenwind führt zu Längenverlust – Rückenwind zu Längengewinn.

Selten genügt bei aufkommenden Böen eine Nummer mehr oder weniger, wie Golfer sagen. Zwei, drei und vier Schlägerlängen Unterschied sind bei starkem Wind keine Seltenheit.

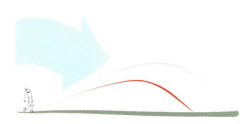

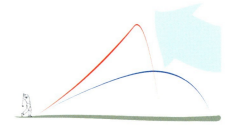

Das Spiel bei Rückenwind

Bläst kräftiger Wind von hinten, verbünden wir uns mit ihm. Je nach Windstärke schlagen wir eine oder mehrere Nummern kürzer, beispielsweise statt eines Eisen 5 ein Eisen 6.

Vom Wind wird der Ball besonders durch Backspin zum Ziel getragen, springt und rollt weiter als im Normalfall. Manchmal muss der Ball bereits vor dem Grün auftreffen, um auf Fahnenhöhe zur Ruhe zu kommen.

Das Spiel bei Gegenwind

Bläst der Wind frontal ins Gesicht, entwickelt sich oft wegen des unsichtbaren Hemmnisses eine Blockade im Kopf, die viele erstarren und wild auf den Ball eindreschen lässt.

Der Ball steigt fast senkrecht in die Wolken und bleibt kümmerlich kurz, weil in zunehmender Flughöhe die Windgeschwindigkeit wächst. Der Schlüssel zum Spiel im Wind ist ein stabiler und kompakter Schwung.

Schluss mit Stress im Spiel

Wie kann man sein Gehirn auf Erfolg programmieren? Sicher nicht, indem man Stress vermeidet. Sondern ganz im Gegenteil, indem man sich bei vielen Gelegenheiten persönlichen Stresssituationen geradezu aussetzt. Nur so lernt man, zum Beispiel Furcht vor dem Schlag übers Wasser frontal anzugehen und zu entdämonisieren.

Ängstlichkeit lähmt, man kann nicht mehr klar denken und schon wird die Atmung flacher. Der Körper erhält zu wenig Sauerstoff. Das beeinträchtigt schon vor dem Schlag, klare Gedanken zu fassen. Also atmet man vor dem nächsten Schlag besonders tief durch. Und denkt weniger an die Folgen. Selbst wenn ein Schlag missglückt, sagt man zu sich selbst: Ich bin ein guter Golfer, hm, der Schlag passt gar nicht zu mir. Zudem wirkt der Gedanke an perfekte Schläge übers Wasser, eine Superrunde und ein schönes Erlebnis erlösend und setzt Glücksgefühle frei.

Gute Erinnerungen auf der „Festplatte im Kopf" zu speichern und sie vor neuen Herausforderungen abzurufen, ist eine wirksame mentale Technik. Diese Reminiszenz-Technik hilft in akuten wie andauernden Stresssituationen, gezielt an vergangene, positiv verlaufene Ereignisse und Erfahrungen zu erinnern. Jeder von uns verfügt über ein Repertoire erfreulicher Erinnerungen. Nur wird deren stressmindernde Wirkung allerdings selten genutzt, weil sie halt nie erprobt wurde. „Du brauchst keine Angst zu haben, es wird schon nicht so schlimm", solche Sätze ziehen runter, weil die Schlüsselwörter „Angst" und „schlimm" im Kopf hängen bleiben und auf dem Platz belasten. „Streng dich mehr an!" „Du darfst keine Fehler machen!" Derartige Sätze ganz aus der Gedankenwelt streichen. So was schwächt ungemein. Sinnvoller wird es, wenn man gute Antreiber ins Spiel bringt. „Komm jetzt, sei mutig, aber nichts überstürzen." „Ich bin gut vorbereitet, ich gebe mein Bestes", „Gib jetzt nicht auf" und „Genieße das Ganze in vollen Zügen!"

Unser Gehirn hört wirklich zu, wenn wir Negatives in Positives wenden. Der Umgang mit guten Antreibern, also Motivatoren, erleichtert die innere Einstellung. Erfolgreiche Golfer führen gern positive Selbstgespräche. Solche inneren Dialoge helfen ihnen unter Druck, zuversichtlich an die nächste Aufgabe zu gehen. Erfolgreiche Golfer wissen, aufmunternde Gedanken strahlen auf den ganzen Körper aus und richten einen auf, weil Gefühlslage und Körperhaltung dieselbe Sprache sprechen.

Überdachte Abschlagsboxen
Hier kann man ganzjährig auf einer Kunststoffmatte üben. Mancherorts gibt es sogar Wärmestrahler für kalte Wintertage.

Entfernungshinweise
Die Distanzschilder helfen, die Schlagweiten der einzelnen Schläger zu erfahren.

Pitching-Grün
Ideal für hohe Schläge, auch über Hindernisse, zu trainieren.

Übungsbunker
Hier kann man Bunkerschläge in allen Lagen aus dem Sand herausspielen.

Chipping-Grün
Hier werden Mini-Schläge geübt. Bälle mit wenig Flugweite aber viel Ausroll sind hier gefragt.

Putting-Grün
Spezielle Übungsfläche nur zum Putten. „No Chipping und Pitching."

Ballautomat
In einigen Clubs sind Übungsbälle im Fee enthalten. Sonst zieht der Spieler sie Körbeweise mit einer Karte, Jeton oder mit Geldstücken.

Abschlagplatz
Hier sucht man sich seinen Übungsplatz aus. Damit die Rasenspuren nicht kreuz und quer verlaufen, wird täglich eine durchgehende, schmale Rasenfläche abgesteckt.

9. Kapitel: Das Wichtigste für die Platzreife

Damit man sich nicht wie ein Anfänger fühlt

Reizt es Sie schon lange, mal den Golfsport auszuprobieren? Man spielt im Grunde gegen sich selbst, gegen den Platz, gegen die Erwartungen und natürlich auch gegen die Mitspieler, denen es genauso geht. Damit die ersten Schritte ins Golfleben gleich auf den richtigen Weg führen, wurde hier alles Wissenswerte zusammengetragen. Es ist ganz einfach – jedenfalls theoretisch.

< Hier fängt alles an. Seine ersten Schläge macht man auf der Driving Range. Ist es erst einmal gelungen, seinen Ball in die Luft zu bringen, wächst die Gefahr, dass man infiziert ist. Für viele gehört ab diesem Moment Golf zu ihrem Leben.

9. Kapitel: Das Wichtigste für die Platzreife

Rund ums Fairway und ums Grün

Hardrough
Hohes Gras, Büsche, Gestrüpp, Geröll, Lava oder Sandboden neben der Spielbahn geben nur unter schwierigen Umständen verschlagene Bälle frei.

Bunker
Mit Sand gefülltes Hindernis. Es gibt sie am Grün und auch am Fairway im Landebereich von Drives.

Spielbahn
Englischer Ausdruck: Fairway.
Um 16 Millimeter beträgt die Schnitthöhe der Spielbahn zwischen Abschlag und Grün. Das kurz gemähte Gras verschafft optimale Ballkontrolle und Backspin.

Abschlag
Englischer Ausdruck: Tee.
Rechteckige, auf 8 bis 14 Millimeter gemähte Rasenfläche (Tee oder Tee-Box genannt), von der an jeder Spielbahn der erste Schlag ausgeführt werden muss.

Semirough
Der Übergang zwischen Fairway und ungepflegtem Gelände ist das Semirough. Um die 35 Millimeter hoch gehaltenes Gras. Teilweise trägt der voll entwickelte Rasen den Ball nicht ganz auf seiner Grasnarbe, sodass beim Schlag Flyer-Gefahr besteht.

Fahne
Englischer Ausdruck: Pin
Von weitem erkennbar, weist ein Fähnchen auf dem Fahnenstock aus Metall oder Plastik die Position des Lochs auf dem Grün.

Vorgrün
Englischer Ausdruck: approach green
Der auf 8 bis 12 Millimeter kurz gemähte Approach-Rasen grenzt unmittelbar ans Grün.

Grün
Englischer Ausdruck: Green.
Feinster Teppichrasen auf dem Golfgelände zum Putten. Schnitthöhe zwischen 3 bis 6 Millimeter. Hier rollt der Ball rund.

Loch
Englischer Ausdruck: Hole.
So wird auch die gesamte Spielbahn genannt. Ins Grün wird ein Einsatz (Cup) geschnitten, der mindestens 2,5 cm unter der Oberfläche liegen muss. Das Loch hat einen Durchmesser von 10,8 cm (4,25 Inch) und eine Tiefe von mindestens 10 cm (4 Inch).

Wasserhindernis
Englischer Ausdruck: Water Hazard.
Verzogene Bälle tauchen für immer unter. Mit Strafschlag geht's weiter. Platzplaner beziehen natürlich vorhandene Wasserflächen oder -läufe gern als Wasserhindernisse (gelbe Pfosten) oder als seitliche Wasserhindernisse (rote Pfosten) ein.

9. Kapitel: Das Wichtigste für die Platzreife

33 Fragen zum Einstieg

1. Kann man einfach zu Golfclubs in der Nähe hingehen und Bälle schlagen?
Eigentlich kann man in jedem Club gegen eine kleine Gebühr die Übungsanlagen nutzen. Meistens gibt es im Sekretariat oder im Pro-Shop Schläger zu leihen. Bälle zum Üben gibt es im Ballautomaten auf der Driving Range.

2. Ist die Platzreife hierzulande für Anfänger Pflicht?
Auf den Platz darf man nur, wenn man Platzreife, eine Art Führerschein im Golf, hat oder der Golflehrer einen mit auf die Runde nimmt. Die meisten Golfanlagen verlangen nicht nur die Platzreife, sondern auch ein Handicap und eine Clubmitgliedschaft, wenn man dort spielen möchte. Ausnahme: Öffentliche Anlagen.

Vom Ball und Bewegungsgefühl des Beginners sowie seinem Trainingsfleiß hängt es ab, wie lange er braucht, um den „Führerschein" im Golf zu erlangen. Manche schaffen es nach drei Wochen, andere brauchen Monate. Die Platzerlaubnis (PE) erteilt die Golfanlage, auf der man die Prüfung ablegt. Diese wird von einem Mitglied des Spielausschusses oder dem Pro (Golflehrer) abgenommen.

Wegen der Konkurrenz unter den Kursanbietern fallen die Anforderungen bei den Prüfungen unterschiedlich aus. Der Deutsche Golf Verband hat deshalb eine DGV-Platzreifeprüfung in drei Schritten entwickelt.

Im ersten Schritt geht's um „Verhalten auf dem Platz". Dabei muss man bestimmte Fähigkeiten auf dem Abschlag, auf dem Fairway, am Grün und auf dem Grün demonstrieren.

Im zweiten Schritt spielt man neun Löcher, davon werden die sechs besten gewertet. Man muss mindestens zwölf Stableford-Nettopunkte erzielen. Im Stableford-Wettspiel wird nach Punkten gewertet: vier Schläge über Par: 1 Punkt, drei über Par: 2 Punkte, zwei über Par 3 Punkte, ein über Par: 4 Punkte, bei Par: 5 Punkte, ein unter Par (Birdie): 6 Punkte. Die Richtzeit für das Spiel beträgt zwei Stunden und zwanzig Minuten.

Der dritte Schritt, die Theorie, geht in der Regel dreißig Minuten. Dabei beantwortet man im Multiple-Choice-Verfahren dreißig Fragen, davon 15 Regelfragen, zwölf Etikettefragen und drei allgemeine Fragen zum Golfsport. Mindestens elf Regel-, zehn Etikette- und eine allgemeine Frage müssen richtig beantwortet werden.

3. Wie viele Par 3, Par 4 und Par 5 hat ein 18-Loch-Golfplatz?
In der Regel schlägt man auf einem klassischen Meisterschafts-Golfplatz auf vier Par-3-, zehn Par-4- und vier Par-5-Tees ab.

4. Was ist ein Ass oder Hole-in-One?
Ein Glücksschlag. Versicherungen beziffern die Wahrscheinlichkeit für Amateure, das Loch auf Anhieb zu treffen, auf 1: 12 500. Bei Profis liegt die Quote bei 1: 2 500. Wer vom Abschlag eines Par-3-Lochs (Länge bis zu 229 Metern) seinen Ball mit einem Schlag direkt ins Loch (Hole) mit nur 10,8 Zentimeter Durchmesser befördert, hat sich oft einen Lebenstraum erfüllt und darf im Clubhaus allen einen ausgeben.

5. Was heißt, er hat eine „Lady" geschossen?
Üblicherweise gibt es drei Abschläge – für Damen wie auch für Herren. Laut Deutschem Golf Verband: Orange und Blau für vordere, Rot und Gelb für mittlere, Schwarz und Weiß für hintere Abschlagsmarkierungen. Wer es nicht schafft, den Ball über die vorderste Abschlagsmarkierung (meist die für Damen) zu spielen, hat im Golfjargon eine Lady geschossen. Der Unglücksrabe darf sich neben Hänseleien und Häme darauf einrichten, im Clubhaus seinen „lieben" Mitspielern einen auszugeben.

6. Was soll man als Neugolfer anziehen?
Zerbrechen wir uns nicht lange den Kopf darüber, was wir anziehen sollen, tragen wir einfach bequeme Sportswear wie in der Freizeit. Es ist allerdings notwendig, dass die Kleidung (Polohemd sowie ein bequemer Rock oder eine Hose) – egal bei welchem Wetter – bequem sitzt und den flüssigen Schwungverlauf auch bei Wind und Wetter nicht beeinträchtigt.

7. Warum sollte man Golfschuhe tragen?
Für den kraftvollen Abschlag am Tee wie zur Filigranarbeit auf dem Grün braucht man ein optimales Standgefühl und Stehvermögen. Das wird kaum erreicht mit leichten Freizeitschuhen, die im Gegensatz zu Golfschuhen keine Spikes oder Noppen haben.

8. Golfhandschuh ja oder nein?
Der Handschuh erlaubt, vor allem während des kraftvollen Schwungs, eine stabilere Verbindung zum Schläger. Zudem verhindert er wegen der energievollen Bewegung schmerzhafte Blasen an den Händen. Sie bilden sich leicht bei Einsteigern während des Schwungs, weil ihr Schlägergriff „verbotenerweise" von den Händen bewegt wird.

Einige Damen schützen sich vor Blasen, indem sie ihren Schlägergriff mit Handschuhen – oft an beiden Händen – greifen. Für die ersten Golfstunden, bis naturgemäß etwas Hornhaut wächst, gar nicht so dumm, meine Herren.

Ein Blick auf der Range zu den Cracks verrät, dass nur wenige zu Gunsten eines direkteren Gefühls zum Griff auf einen Handschuh verzichten. Nur vorm Putten oder vorm Chippen ziehen die meisten Golfer ihren Handschuh aus.

9. Was sollte neben dem „Besteck" noch alles im Golfbag sein?
Entfernungsmesser, Schirm, Regenhose, Handtuch, Ersatzhandschuhe, Ersatzmütze im Plastikbeutel, beidseitige Allwetterhandschuhe, Rillenbürste, Bleistift, Pitch-Gabel, Tees, Bälle und Stift für wasserfeste Ballkennzeichnung, Gel gegen Mückenstiche, Medizin, Pflaster, Schere, Papiertaschentücher, Sonnencreme, Sonnenbrille, Schnürsenkel, Sicherheitsnadeln – genügend Getränke und Proviant dürfen keinesfalls in der Golftasche fehlen. Für Plätze mit viel Wasser ist eine ausziehbare Golfangel hilfreich.

10. Lässt sich Schlagweite einkaufen?
Wer kann schon auf Dauer ertragen, wenn eine Wunderwaffe in der Hand des Freunds oder Feinds uns offensichtlich viel zu kurz lässt. Zwar sieht der bullige Driver billig aus, ist aber sündhaft teuer. Umgekehrt wär's besser. Doch allein das entspannte Gefühl und der feste Glaube, das Beste, was derzeit auf dem Markt ist, zu schwingen, bringt manche um Längen weiter.

11. Welcher Ball fliegt besonders weit?
Sicher gehört im Pro-Shop die Frage nach dem längsten Ball zu den am häufigsten gestellten. Innerhalb einer Machart gibt es unter den rund 1.000 Sorten auf der Welt kaum gravierende Längenunterschiede.

Zwar protzen manche Hersteller in der Werbung, den wahren längsten Ball zu haben. Ein unabhängiges, einheitliches Testverfahren für Ballproduzenten gibt es bisher nicht. Nur die obersten Regelwächter der technischen Abteilungen der USGA benutzen für ihre Testuntersuchungen eine neutrale Schlagmaschine. Ohne kostenpflichtigen Test erhält kein Ball Turnierfreigabe. Das offizielle Gerät für objektive Weitenmessung verrät unbestechlich die Flugbahn – bekanntlich abhängig von den Grübchen auf der Balloberfläche, dem Auftreffwinkel der Schlagfläche und weiteren Details wie Flug- und Ausrolllänge.

Eigentlich überflüssig zu erwähnen, dass kein Mensch dem Schwungverhalten des Roboters entsprechen kann und den Ball regelmäßig gleich weit schlägt.

Einwandfreier Ballkontakt führt zu wiederholbaren Weiten und berechenbarem Backspin.

Ein Schlag mit der Schlägerspitze bewirkt eine Hook-Tendenz.

Ein Schlag mit der Schlägerferse bewirkt eine Slice-Tendenz.

12. Wie ist es um das Spinverhalten des Balls bestellt?

Ein extrem kurviger Flugverlauf ist wenig wirksam, weil man Weite und Genauigkeit verliert. Ein schief gestellter Schlägerkopf im Treffmoment löst üble Schläge wie *Slice* und *Hook* aus. Nur eine richtungsweisend eingestellte Schlagfläche trifft klangvoll auf den Ball. Ein solcher Ball fliegt vollendet mit Spin. Diese überwiegende Rückwärts- und Seitlichdrehung des Balls hat für das Flugverhalten, ob er hoch oder niedrig fliegt und welche Richtung er einschlägt, eine bedeutende Tragweite. Der sogenannte Backspin und Sidespin nach dem Treffmoment (er dauert eine Tausendstelsekunde) spielt die entscheidende Rolle in der Luft, auf dem Boden und in der Spielweise.

13. Wofür sind die kleinen Dellen auf dem Ball gut?

Die zahlreichen, kleinen Dellen (Dimples), die beim Flug durch die Luft winzige Turbulenzen erzeugen, tragen entscheidend dazu bei, dass der Ball weit hinausfliegt. Bei unregelmäßiger Oberfläche erhält der Ball, mit einem Durchmesser von 42,67 mm (1,68 Inches) und einem Gewicht von maximal 45,93 Gramm, mehr Auftrieb und eine stabilere Fluglage. Allerdings produzieren tiefere Dimples zu viel Luftwiderstand und Strömungen, der Ball fliegt wesentlich kürzer. Genau wie ein ganz glatter Ball nur halb so weit wie ein regulärer Golfball fliegen würde.

14. Welcher Ball passt zu welcher Spielstärke?

Günstig angebotene Spielbälle mit strapazierfähiger Außenhaut fühlen sich oft für gute Golfer schon beim Abschlag hart an. Anfänger dagegen bevorzugen harte Bälle, weil Weite ihr wichtigstes Kriterium bei der Wahl ist. Sie unterschätzen noch die Spin-Eigenschaften, eines, zugegeben, meist teuren Marken-Balls. Seine sanfte Außenhaut verstärkt die schnelle Bremsung (Backspin) auf dem Grün, was vielen mit wachsender Spielstärke ein „besseres

Gefühl" im kurzen Spiel gewährt. Zudem zeichnet sich ein guter Ball vor allem im langen Eisenspiel durch seine regelmäßige Flugcharakteristik aus.

15. Wie lautet die Faustregel für die passende Griffstärke?

Die Finger der linken Hand berühren die Handfläche ganz zart. Graben sie sich stark in die Handfläche ein, besteht Gefahr zu hooken. Sind die Schlägergriffe zu dick und die Lücke zwischen Fingern und Handfläche zu groß, laufen wir Gefahr zu slicen. Jeder hat sein eigenes Feeling beim Anfassen. Generell gilt: Griffe von Vielspielern gehören vor jeder Saison ausgewechselt. Oder mindestens gründlich gereinigt, eventuell mit Waschbenzin.

16. Warum ist der korrekte Lie-Winkel wichtig?

Der Auflagewinkel des Schlägerkopfs soll dem persönlichen Schwung entsprechen. Der Winkel zwischen Schlägersohle und Schaft hängt von der Oberkörperbeugung in Stand und Schwung ab. Fliegen die Bälle zu oft nach rechts, ist der Lie-Winkel zu steil und das Schlägerblatt steht bereits bei der Ballansprache auf der Spitze (Toe). Ist der Winkel zu flach und das Schlägerblatt steht bei der Ballansprache auf der Ferse (Heel), fliegen die Bälle nach links. Eine abgerundete Schlägerblattsohle setzt in der Mitte auf und eine gerade Schlägerblattsohle liegt ganz auf dem Boden: Der Ball fliegt gerade.

17. Warum spielt die richtige Schlägerlänge eine entscheidende Rolle?

Sie ist abhängig von der Körpergröße, der Armlänge und dem Neigungswinkel im Schwung. Wir testen verschiedene Schläger. Eine Fehlentscheidung kann in Form von Schaftaustausch innerhalb einiger Tage korrigiert werden. Schäfte durch Anstückeln zu verlängern, ist unprofessionell. Der Flexpoint verschiebt sich und nichts stimmt mehr im Schwungverhalten. Übrigens brauchen große Menschen, die lange Arme haben, oft keine Überlänge, für sie reicht die Standardgröße aus.

18. Weshalb ist die optimale Schaftflexibilität von Nutzen?

Pauschal sind Frauen und Senioren gut beraten, leichte und armschonende Grafitschäfte zu kaufen. Wer genügend Kraft hat, spielt Stahlschäfte, die etwas vibrationsstärker und schwerer sind. Stahl steht nach wie vor bei Profis hoch im Kurs. Sie spüren stärkeren Ballkontakt, schlagen gerader und haben weniger *Torque*, das ist die Verwindung des Schafts während des Schwungs. Wenn der Schaft zu weich ist, lässt sich schwer zielgenau spielen. Grund: zu viel Rückfederung im Treffmoment. Ist der Schaft zu hart, fliegen die Bälle kürzer und slicen (starker Rechtsdrall). Grund: zu wenig Peitscheffekt. Testen zahlt sich auch hier aus!

19. Spielt beim Putter-Kauf Liebe auf den ersten Blick eine Rolle?

Die Auswahl des Putters hängt in hohem Maß vom persönlichen Gefühl ab. Außer einer Vielfalt von Materialien verwirren im ersten Moment verschiedenartige Köpfe. Hilfreich sind fehlerverzeihende Modelle. Köpfe mit deutlichen Linien oder Rillen, die uns das Zielen erleichtern. Putter mit breiter Schlagfläche verleiten weniger zum Toppen oder Fett-Treffen als schmale.

20. Was für Unterschiede gibt es bei den Eisen?

Gegossene Eisen halten Schwungsünden klein. Sie sind spielverbessernde Schläger mit Hohlrücken, die mehr Gewicht in die Randzonen bringen und durch den breiten Sweetspot schlechte Ballkontakte eher verzeihen. Auch dank des Offsets. Offset hilft, die Hände im Treffmoment vor dem Ball zu haben und die Schlagfläche rechtwinklig zum Ziel auszurichten. Gerade bei mittleren und langen Eisen erhält der Schnellstarter, wie der Späteinsteiger, durch Offset Spielerleichterung. Die Offset-Form, eine nach hinten zurückgesetzte Schlagfläche, verscheucht bei rund 80 Prozent der Durchschnittsspieler das Slice-Gespenst.

Ein progressiver Offset bedeutet, die Stellung nimmt kontinuierlich ab, je kürzer der Schlägerschaft wird. Wundervolle Eisensätze gibt es auch in der Kombination geschmiedete Köpfe und fehlerverzeihende Hohlrücken. Der damit verbundene Schaft ist die Seele des Schlägers. Flexible, spielfreundliche High-Tech-Schäfte steigern in vielen Fällen die Schlägerkopfgeschwindigkeit beträchtlich und bescheren, bei fließendem Schwung, die oft vermisste Ballflughöhe.

Geschmiedete Eisen mit kleineren, konventionellen Schlägerblättern erlauben es bewusster, den Ball zu manövrieren (shapen). Ihre schmalen Eisenblätter geben wunderbar Feedback über den Klang im Treffmoment. Sie sind ohne Offset-Stellung konstruiert.

21. Sollte man Schläger von der Stange oder nach Maß nehmen?

Schläger, die Tourprofis mit ihren Namen propagieren, sind nicht vergleichbar mit den Modellen im Pro-Shop. Ihre Schlaginstrumente stimmen die Werbeträger individuell auf Timing und Technik ab, passen Griffstärke, Schaftflex, Loft, Lie und Sohle ihren professionellen Bedürfnissen an. Persönliche Korrekturen an unseren Schlägern können auch wir nach stabilisiertem Schwungverhalten von *Club-Fittern* durchführen lassen.

Newcomer spielen am sinnvollsten mit zurückversetzten (offset), großen (oversize) Schlagflächen. Warum? Die Hände bleiben im Schwung länger am Ball.

Das Treffgefühl bei den vorwiegend aus Stahl geschmiedeten Schlägerköpfen ist weicher. Anfängern genügen für die ersten Schwünge gegossene Eisen mit Gewichtskonzentration in der Randzone des Schlägerkopfs (Perimeter Weighting) und Hohlrücken (Cavity back). Sie sind gut beraten, eine runde Schlägersohlenform zu nehmen. Sie bleiben dadurch weniger im Boden hängen und die Gefahr des Toppens ist geringer. Weiterer Vorteil: kleinere Divots.

Bei einigen Marken bestehen keine Preisunterschiede zwischen Schlägern von der Stange und maßgeschneiderten, die sich schwungbegünstigend auswirken. Viele Pro-Shops und Hersteller bieten Custom-Fitting-Service, bei dem Schläger individuell – ohne Zusatzkosten – angepasst werden.

22. Driver erst testen, dann kaufen?
Oversize-Driver lassen den Ball höher fliegen als die herkömmlichen Köpfe. Denn der große Schlägerkopf hat im Ballkontakt ein anderes Schwerkraftzentrum. Das heißt, die Schlagflächenneigung des Drivers ist im Treffmoment, im Vergleich zur Ansprechstellung, eine andere. Der Ball startet in einem höheren Winkel und erhält mehr Vorwärtsdrall. Darum sollten wir beim Kauf eines Oversize-Drivers mehr Loft als bisher nehmen. Statt 9,5 Grad Schlagflächenneigung würden zum Beispiel 10,5 Grad dieselbe Flugbahn haben. Hinzukommt das psychologische Moment, dass man bei einem größeren Schlägerkopf den Ball automatisch höher aufteet. Zudem sind diese Schläger im Schaft immer ein bis zwei Inch länger, wir stehen also weiter weg vom Ball und schwingen dadurch natürlich etwas flacher. Dies wiederum führt zu einem höheren Ballflug. Man sieht: Die Gründe für die hohe, weite Flugbahn sind vielfältig.

23. Führt Körpergröße zu mehr Schlagweite?
Mag sein, dass ein Goliath-Typ wegen der physikalischen Gesetze der Hebelsysteme mehr Druck auf den Ball bekommt, aber auch kleine, kraftvolle Menschen driven ungeheuer weit. Zum Teil gleichen sie ihre Körpergröße mit überdurchschnittlicher Schaftlänge aus. Der längere Schlägerschaft zwingt indessen zu einer flachen Schwungebene, verbunden mit einem größeren Schwungbogen erreicht man tatsächlich eine höhere Schlägerkopfgeschwindigkeit. Aber unterm Strich sind längere Schläger selten eine Verstärkung. Es fällt vielen zu schwer damit, regelmäßig einen gleichbleibenden Ballkontakt herzustellen. Leichter wird es, wie ein Tour-Pro in dem Zusammenhang sagte: Näher an der Arbeit zu sein, indem man einen kürzeren Driver wählt für mehr Schlagweite. Versuche haben es eindeutig belegt, dass viel Schlagweite verloren geht bei schlecht

Unabhängig von der Körpergröße zeichnet alle guten Schwünge eine ausbalancierte Endposition aus. Nach der Gewichtsverlagerung verharrt man wie auf einem Podest und verfolgt den Ballflug bis zur Landung.

getroffenen Drives. Wird der Sweetspot, also der ideale Treffpunkt verfehlt, kann der Weitenverlust zur üblichen Flugweite über zwanzig Prozent betragen. Es wird halt immer schwieriger mit zunehmender Länge, den Schläger so einwandfrei zu schwingen, wie mit einem kurzen Eisen. Nicht selten fallen bei einigen Spielern die Schläge im Verhältnis zu den Drives, weil sie viel häufiger im Schlagzentrum getroffen wurden, sehr lang aus.

24. Welche körperlichen Voraussetzungen brauche ich?
Wirklich keine besonderen. Auch bisher als „No-Sports-Typen" bezeichnete sehen das so im Nachhinein. Es reicht vollkommen, wenn man Freude an der Bewegung hat und Spaß an der Natur mitbringt. Allerdings sollte man schon in der Lage sein, später auf dem 18-Loch-Platz acht bis zehn Kilometer zu gehen. Das entspricht in etwa einer Golfrunde.

25. Links- oder Rechtshänder?
Auf welcher Seite man schwingt, hängt von der besten Beweglichkeit in den Handgelenken ab. Der Griff sitzt, wenn man spürt, wie sich die Muskeln an der Innenseite des rechten Unterarms straffen. Sie geben den Ausschlag für die höchste Schlägerkopfgeschwindigkeit und die sicherste Schlagflächenkontrolle im Schwungablauf. Ohne großen Aufwand kann man herausfinden, auf welcher Seite man schwingt: indem man sich frontal einen Ball zuwerfen lässt. Wird der Ball spontan mit der rechten Hand aufgefangen, liegt es nahe, Rechtshänder zu sein. Auf keinen Fall versuchen, die Schlaghand zu wechseln! Wer sich vom Gefühl her sicher ist, dass er rechts – oder links – am „liebsten" zugreift, bleibt dabei! Bei der Gelegenheit: Liebe Linkshänder, im Buch wird alles „rechts" dargestellt. Aus dem Grund läuft für Sie bei uns das ganze Spiel seitenverkehrt.

26. Wie findet man den richtigen Trainer?

Der Golflehrer, Pro genannt, sollte Erfahrung im Umgang mit Anfängern haben. Nicht an einem herumexperimentieren. Bevor man sich den Kopf verdrehen lässt, hört man auf seinen Bauch, ob der Lehrer und seine Methoden einem liegen.

27. Warum soll man sich vor dem ersten Schlag warmmachen?

Wie in anderen Sportarten auch darf sich vor dem Spielen oder Trainieren keiner vor dem Aufwärmen (Dehn- und Streckübungen) drücken. Andernfalls riskiert man Zerrungen in der Schulter- und Rückenmuskulatur, auch eine Art Tennisarm (schmerzhafte Überbelastung des Ellbogengelenks) kann bei Golfern, die es übertreiben, vorkommen. Sinnvoll ist es in der Regel, vor dem ersten Schlag sein Warm-up- Programm in zehn Minuten durchzuziehen – nach dem Motto: bessere Fitness – besserer Schwung!

28. Soll man nach der Runde noch nachsitzen?

Schlechte Schläge passieren nun mal. Respekt verdient, wer sich nach gequälter Runde noch auf die Driving Range stellt. Man spielt, noch frisch im Gedächtnis haftend, gezielt Bälle nach, die einem auf dem Platz Kopfzerbrechen bereiteten. Oft ist man in Schwierigkeiten geraten, hat das Grün auf der falschen Seite verfehlt, weil man meist einen Schläger „zu kurz" war oder Bergauf- und Bergablagen, Wind und Regeneinfluss zu wenig berücksichtigte. Selbst die Pros erliegen hin und wieder falschen Eindrücken, obwohl sie im Normalfall ihre Schläge auf den Meter genau vorhersagen können. Sie kennen ihre persönliche Schlägerkopfgeschwindigkeit, ihre Schlaghöhe und ihr Spinverhalten. Dennoch widerfahren auch ihnen auf der Runde Schläge, die sie erst auf der Driving Range, beim Nachsitzen, endgültig verarbeiten.

Nach dem Spiel ist vor dem Spiel. Es kostet Überwindung, nach strapaziöser Runde – vor allem nach einem Turnier – auf der Übungswiese missglückte Schläge nachzuspielen.

29. Was kann man gegen den gefürchteten Socket tun?

Bei dem Fehlschlag trifft statt des Schlägerblatts das Verbindungsstück *(Hosel)* zwischen Schaft und Schlägerkopf den Ball und dieser schießt fast rechtwinklig mit hoher Geschwindigkeit als unheimlicher Querschläger davon.

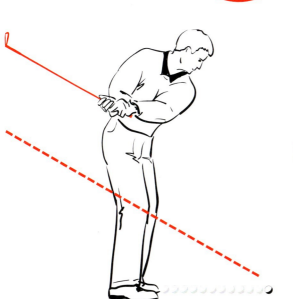

Wie der Socket entsteht ...
Durch zu großen Abstand vom Körper zum Ball, ein zu tief gehaltener Kopf beim Ansprechen, zu feste Handgelenke und einen ausgesprochen flach um den Körper geschwungenen Schlag wird der Ball mit dem Verbindungsstück zwischen Schaft und Schlägerkopf getroffen.

... und wie man ihn verhindert
Beim Set-up den Ball in bequemer Haltung mit sanftem Griff und locker herabhängenden Armen ansprechen. Näher zum Ball stehen, schlägergemäß steil aufschwingen, Arme entspannen und Handgelenke nicht übertrieben aktiv einsetzen. Manchmal hilft als Soforthilfe: Den Ball mit der Schlägerspitze ansprechen.

30. Was kann man gegen den stressigen Slice tun?

Unzählig viele Spieler kämpfen täglich gegen drei Arten von Bananenschlägen: einfacher Slice, Push-Slice und Pull-Slice. Wir gehen der Ursache auf den Grund und finden Wege, das Übel an der Wurzel zu packen. Slice-Schüsse streuen durch übertriebenen Drall radikal nach rechts. Nicht zu verwechseln mit einem Fade, dessen Side-Spin weit geringer ausfällt.

Überschwingen oder übertriebene Gewichtsverlagerung führen zu offener Schlägerblatthaltung im Treffmoment.

Slicer-Schicksal: Sie lassen ihr Gewicht nach dem Rückschwung wie versteinert auf dem rechten Bein.

Wie der einfache Slice entsteht ...
Verkrampfte Handgelenke blockieren beim Ballkontakt den flüssigen Golfschwung. Deshalb wird der Ball mit offener Schlagfläche getroffen.

Eine starr gestreckte Haltung des linken Arms während des Ballkontakts verhindert die fließende Arbeit der Handgelenke im Schwungablauf.

Ein unrhythmischer Schwung mit übertriebenem Armeinsatz erzeugt geringe Schlägerkopfgeschwindigkeit. Zudem trifft der Schlägerkopf den Ball mit offenem Blatt.

... und wie man ihn verhindert
Den Schlägerkopf nicht steuern, sondern ihm im Treffbereich freien Lauf lassen: Den Griff lockerer fassen und die Handgelenke im Schwung aktiver einsetzen. Hilfreich ist, zunächst halbe Schwünge zu üben, um den Handgelenkeinsatz (Release) besser zu spüren. Werden wir sicherer und gerade, geben wir Gas bis zum vollen Schwung.

Die alte Lehrerweisheit, „Linker Arm bleibt im Schwung gerade", überziehen viele in der Anwendung. Ein entspannter linker Arm, gestreckt durch die Schwerkraft im Schwung, lässt nicht nur den linken, sondern auch den rechten Arm im Treffmoment wie von selbst gerade sein.

Mit voller Schulterdrehung und weitem Schwungablauf kommen armbetonte Spieler wieder in Einklang mit einem fließenden Schwung. Wir schlagen nicht zum Ball, sondern schwingen voll durch ihn hindurch und erreichen so maximale Schlägerkopfgeschwindigkeit.

9. Kapitel: Das Wichtigste für die Platzreife

Wie der Pull-Slice entsteht ...
Die Schultern arbeiten beim Durchschwung nicht synchron, sie drehen vor den Hüften. Verstärkt wird diese häufige Fehlerkombination durch einen schwachen Griff. Die Gier nach Weite führt zu übersteigertem Einsatz von Händen, Armen und Oberkörper. Der Schlägerkopf schwingt von außen nach innen zum Ball.

Ein zu leichter und schwacher Griff, bei dem die rechte Hand das Schlägerblatt im Aufschwung nach außen richtet, verleitet den Spieler, die Schlagfläche vor dem Auftreffen square zur Ziellinie zu manipulieren.

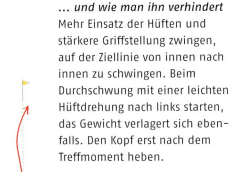

... und wie man ihn verhindert
Mehr Einsatz der Hüften und stärkere Griffstellung zwingen, auf der Ziellinie von innen nach innen zu schwingen. Beim Durchschwung mit einer leichten Hüftdrehung nach links starten, das Gewicht verlagert sich ebenfalls. Den Kopf erst nach dem Treffmoment heben.

Die beiden Vs in der Handstellung werden mehr nach rechts gedreht. Sie weisen dann zwischen rechtes Ohr und rechte Schulter. Der Schläger schwingt von innen und trifft im Durchschwung square auf den Ball.

Wie der Push-Slice entsteht ...
Der Schlägerkopf kommt von innen nach außen über die Ziellinie. Durch zu schwachen Griff blockiert der rechte Arm in der Abwärtsbewegung eine runde Körperbewegung.

Beine und Hüften bewegen sich beim Rückschwung seitlich. Dadurch verschiebt sich die Körperachse zu stark nach rechts. Der Schlägerkopf verlässt die korrekte Schwunglaufbahn.

... und wie man ihn verhindert
Stärkere Griffhaltung fördert den Schwungverlauf von innen nach innen.

Gewicht beim Rückschwung auf der Innenkante des rechten Fußes lassen und die Schulter um rund 90 Grad drehen.

31. Was kann man gegen den elendigen Hook tun?

Die zu sehr geschlossene Schlägerkopfstellung ist der Auslöser für Hook, Push-Hook und Pull-Hook. Nur Seitendrall, kaum Rückwärtsdrall, dominiert diese Schläge mit scharfer Linkskurve. Viele Fehlerquellen vom Slice sind beim Hook seitenverkehrt zu kurieren.

Wie der einfache Hook entsteht ...
Die Schlagfläche ist bereits bei der Ballansprache geschlossen. Ein zu starker Griff verursacht verzogene Schläge.

... und wie man ihn verhindert
Bereits beim Set-up die Schlagfläche square zur Ziellinie stellen. Den Griff mehr auf eine neutrale Position bringen.

Wie der Push-Hook entsteht ...
Der Schläger schwingt mit geschlossener Schlagfläche extrem flach von innen nach außen.

... und wie man ihn verhindert
Beim Set-up den Schläger square zum Ziel ausrichten und in einer steileren Ebene schwingen.

Wie der Pull-Hook entsteht ...
Ein zu übertriebener Einsatz der rechten Schulter im Abschwung produziert einen Pull-Hook.

... und wie man ihn verhindert
Den Schlägergriff korrekt fassen, die Schultern im Schwungverlauf drehen statt kippen.

32. Wie gut kann ich eigentlich im Handicap werden?

Sein spielerisches Potenzial schöpft man so aus: Man spielt, wenn wenig los ist, mit zwei Bällen 18 Loch. Der jeweils beste Ball bleibt im Spiel. Natürlich kommen dabei tolle Ergebnisse heraus. Aber alle Schläge sind ja wirklich gespielt! Wer sein Training danach ausrichtet, hat realistische Chancen, ein gutes Handicap zu erreichen.

33. Sollen Frischlinge unter uns besseren Spielern folgen?

Von spielstarken Golfern kann man viel abschauen, denn diese haben schon viele Rückschläge im Wettkampf verdaut und vergeblich gegen Windmühlen gekämpft. Am besten man lässt sich sinngemäß auf den Spruch von Miguel de Cervantes ein: „Leiste guten Golfern Gesellschaft, und du wirst einer von ihnen werden."

Glossar

Kaum ein anderer Sport hat so viele Spezialausdrücke und ungewöhnliche Bezeichnungen wie Golf. Damit man Golf-Begriffe auf Anhieb verstehen kann sind die wichtigsten Ausdrücke von A wie *Abschlag* bis Z wie *Zweiten Neun* erklärt.

Utility Wood
Alignment Sticks **Spikemarken**
Baseball-Griff *Course Marshal*
Ersten Neun **Triple-Bogey**
Albatros
Einstellige Handicapper
Spiegelei *Signature-Hole*
Fairway-Bunker
Zeitweiliges Wasser *Offset-Stellung*
Pot-Bunker **Playing-Professional**
Rote Markierung *Mulligan*
Tigerline Out of Bounds
Wintergrün

Abschlag
Englisch: *Tee*. Oft erhöhte Rasenfläche, auf der der erste Schlag an jedem *Loch* erfolgt. Es gibt verschiedene Abschläge, die unterschiedlich farbig gekennzeichnet sind. Je nach Gesamtlänge des Platzes werden sie von bestimmten Kategorien von Spielern, wie Damen, Herren, höhere *Handicaps*, niedrigere Handicaps, benutzt. Die vom Loch am weitesten entfernten Abschläge sind für die besten Spieler.
In der Golfsprache steht das Tee auch für den kleinen Holzstift, auf den der Ball auf dem Abschlag „aufgeteet" werden darf.

Abschwung
Mit dem Ende des Rückschwungs erfolgt am Wendepunkt der Abschwung zum Ballkontakt. Er wird durch eine Drehung der Hüften in Richtung Ziel eingeleitet.

Ahead
Im *Zählwettspiel* vorn liegen. Im *Lochwettspiel* liegt man Up oder Down.

Albatros
Bezeichnung für drei unter *Par*. Zum Beispiel locht ein Golfer auf einem Par-5-Loch in nur zwei Schlägen ein, hat er einen Albatros gespielt. Auch *Doppel-Eagle* genannt.

All square
Gleicher Spielstand im *Lochwettspiel*.

Amateurlinie
Amateure neigen häufig dazu, dem Ball auf seiner schrägen *Putt-Linie* keine Chance zu geben, ins Loch zu fallen. Rollt der *Ball* unterhalb des Lochs vorbei auf der sogenannten Amateurlinie, wurde zu wenig Break berücksichtigt. Wurde zu viel Break berechnet und der Ball läuft oberhalb des Lochs vorbei, spricht man von der *Profilinie*, weil der Ball eine Chance hatte, eventuell ins Loch zu fallen.

Alignment Sticks
Die Stäbe sind eine Ausrichtungshilfe auf der *Driving Range* oder dem Übungs-Grün. Im Turnier dürfen sie nicht benutzt werden.

Annäherungsschlag
Englisch: Approach. Kurzer Schlag vom *Fairway*, aus dem *Bunker* oder aus dem *Rough* aufs Grün.

Glossar

Ansprechen des Balls
Englisch: Address. Die Aufstellung und Ausrichtung eines Spielers zum Ball, bevor er losschwingt.

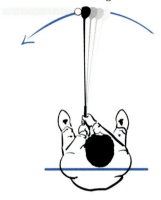

Approach
Siehe *Annäherungsschlag*

Ass
Englisch: Ace. *Auch Hole-in-one* genannt, ist der größte Glücksfall, wenn auf einem *Par 3* gleich der erste Schlag ins Loch trifft.

Aufsetzen des Schlägerkopfs
Beim Ansprechen des Balls wird die Schlägerkopfsohle hinter dem Ball auf den Boden aufgesetzt. Siehe auch *Ballansprache.*

Aus-Ball
Englisch: *Out of bounds*, wird auch als OB bezeichnet. Schlägt ein Golfer seinen Ball ins Aus, muss er von derselben Stelle einen weiteren Ball nachspielen und zieht sich zusätzlich einen *Strafschlag* zu.
Weiße Pfosten und weiße Markierungen zeigen zum Beispiel Ausgrenzen an.

Auslippen
Englisch: Lip Out. Die obere Erdkante des Lochs, über dem Rand der Kunststoffhülse, wird als *Lippe* bezeichnet. Ein scheinbar schon im Loch befindlicher Ball „lippt noch aus", wenn er mit zu viel Power geputtet wurde.

Ausloten
Englisch: Plumb Bobbing. Entscheidungshilfe, um die *Ziellinie* für Putts auf dem Grün zu finden. Der Spieler stellt sich hinter den Ball und sucht mit dem vertikal herabhängenden *Putter* (wie mit einem Bleilot) die gerade Linie von Schläger und Ball hin zum Ziel.

*B*ackspin
Rückwärtsdrall durch schnellen abwärts schwingenden Schlägerkopf zum Ball. Er verhindert unkontrolliertes Ausrollen auf dem Grün. Siehe *„beißt"* der Ball.

Bag
Deutsch: Golftasche. In ihr werden die Schläger und Equipment für die Golfrunde aufbewahrt werden.

Balance
Wichtige Voraussetzung im gesamten Bewegungsablauf des Schwungs. Sie zu halten, erfordert einwandfrei kontrolliertes Durchschwingen.

Ball
Ein Ball, mit „x"-Aufdruck (siehe USGA Confirm-List), darf nicht im Turnier gespielt werden, bei dem nur offiziell zugelassene Golfbälle erlaubt sind. Der regelkonforme Ball hat einen Durchmesser von nicht weniger als 42,67 Millimeter und wiegt nicht mehr als 45,93 Gramm. *Kompression*, Material (Zum Beispiel *Surlyn* fürs Cover) und *Dimples* können variieren. Siehe auch *X-Out-Ball*.

Ballangel
Nützlicher Teleskopstab, der vorne eine Gabel oder eine Rundung hat, um Bälle aus dem Wasser zu fischen.

Ballansprache
Wenn der Schläger hinter dem Ball aufgesetzt wird, spricht der Golfer von „Ball ansprechen". Dabei werden die Knie vorbeugt und das Gesäß nach hinten hinausgestreckt.

Ball im Spiel
Ein Ball ist im Spiel, sobald nach ihm auf dem Abschlag geschlagen wurde. Er bleibt im Spiel, bis das Loch zu Ende gespielt wurde. Außer der Ball ist im Aus, aufgenommen oder durch einen anderen Ball ersetzt worden.

Ball Mark
Englisch für *Pitch-Marke*

Ball Marker
Der kleine Marker mit Stift oder eine kleine Münze, die hinter dem Golfball, nur auf dem Grün, gelegt werden, um ihn nach dem Saubermachen genau wieder an die gleiche Stelle vor dem *Putt* zurückzulegen.

Die Lage eines Balls wird auf dem Grün auch mit einem Ball Marker markiert, wenn der Ball einen anderen Spieler stören könnte.

Baseball-Grip

Bei dieser Fassung liegen alle zehn Finger dicht nebeneinander auf dem Griff. Um 1900 griffen Golfer so zum Schläger. Kinder mit kleinen Händen und Golfer mit arthritischen Problemen favorisieren diese Griffhaltung. Siehe auch *Zehnfingergriff*.

Bedienen

Die *Fahne* aus dem *Loch* entfernen, damit ein Mitspieler einlochen kann.

„Beißt" der Ball

Ein Ball „beißt" auf dem *Grün*, wenn er nach dem Aufprall abrupt hält, also Biss hat, und sogar durch Rückwärtsdrall gegen die Flugrichtung zurückrollt. Siehe auch *Backspin*.

Bellyputter

Ein langer Putter, bei dem das obere Ende des Griffs mit einer Hand an die Brust oder an den Bauch (englisch Belly), gepresst wird.

Besserlegen

Englisch: Preferred Lies. Wegen des Wetters und der Jahreszeit wird mit Besserlegen gespielt. Die vorübergehende Ausnahmeregelung erlaubt es, den Ball zu markieren, sauber zu machen und innerhalb einer *Score-Karte* in eine bessere Lage, nie näher zum Loch, aufs *Fairway* zu legen. Im Winter liegt es im Ermessen des Clubs. Zwischen 1. Mai und 30. September kann nur mit Genehmigung des jeweiligen Landesgolfverbandes mit Besserlegen gespielt werden. Siehe auch *Wintergrün*.

Big Stick

Der *Driver*, längster Schläger mit dem geringsten Neigungswinkel der Schlagfläche. *Das Holz 1* muss laut Regel einen Schaft von mindestens 457 Millimeter und maximal 1.219 Millimeter Länge haben.

Biotop Markierung

Ist oft Grün/Rot. Innerhalb des Biotops darf im Gegensatz zu einem normalen Wasserhindernis, nicht gespielt werden.

Birdie

Ein Schlag unter *Par* an einem *Loch*.

Blade

Geschmiedete *Eisen* in klassischer Form, die sich für sehr gute Spieler eignen. Einsteiger spielen besser mit gegossenem Eisen. Sie sind auf Grund des größeren *Sweetspots* (siehe auch *Cavity back*) leichter zu spielen.

Blaue Markierung
Alle *GUR* werden mit blauen Pfosten gekennzeichnet.

Blinder Schlag
Englisch: Blind shot. Eine Lage, von der man nicht sein Ziel auf dem *Grün* oder dem *Fairway* (blindes Loch) sehen kann.

Boden in Ausbesserung
Siehe: *Blaue Markierung* und *GUR*

Blocken
Zu viel Kraftaufwand im Treffmoment blockiert einen technisch einwandfreien Schwungverlauf, der Ball fliegt, weit rechts rausgeblockt, zum Ziel.

Bogey
Ein Schlag über *Par* an einem Loch. Zwei Schläge über Par heißen *Doppel-Bogey* und drei Schläge über Par *Triple-Bogey*.

Bounce
Der Winkel des Schlägerkopfs zwischen Vorder- und Hinterkante der Sohle. Ein stärkerer Winkel bedeutet eine höhere Abprallwirkung und wird deshalb verstärkt bei der *Sand-Wedge* eingesetzt.

Break
Abweichung von der geraden *Putt-Linie*, verursacht durch schräge, gewellte, hügelige *Grüns*. Siehe auch *Amateurlinie* und *Profilinie*.

Brutto
Das Brutto-Ergebnis ist die Gesamtzahl der Schläge, die ein Spieler nach der Runde hat. Gute Spieler zählen nur so. Die *Netto*-Zählweise ist für Spieler, deren *Handicap* im Turnier berücksichtigt werden soll. Siehe auch *Score-Karte*.

Bump and run
Ein flacher *Chip*, der nach der Landung noch weit rollt. Oder: *Annäherungsschlag*, bei dem der Ball, vor allem wegen des Winds, flach gehalten wird und eine weite Strecke ausrollt.

Bunker
Ein mit Sand gefülltes *Hindernis* auf der Spielbahn und besonders ums Grün. Es gibt auch Grasbunker, Gruben mit meist hohem, dichtem Gras statt Sand. Siehe auch *Topfbunker*.

Caddie
Eine Person, die auf einer Golfrunde die Schläger eines Spielers trägt. Der Taschenträger, meist ständiger Begleiter des *Tour-Professionals*, berät bei der Schlägerwahl und hilft beim *Grünlesen*.
Caddie heißt auch Golfkarre, siehe auch *Trolley*.

Carry
Die Flugweite des Balls von seiner Ausgangslage bis zum Landepunkt.

Glossar

Cavity back
Ausgehöhlte Rückseite des Schlägerblatts. Sie verteilt das Gewicht zu den Kanten, was eine verzeihende Wirkung auf Bälle hat, die nicht im *Sweetspot* getroffen werden.

Chip
Annäherungsschlag zum Grün, auch *Approach* genannt. Der *Ball* hat eine niedrige Flugbahn und einen beträchtlichen Auslauf auf dem *Grün*.

Chipper
Putterähnlicher Schläger für kurze Schläge nahe vom Grünrand. Vorwiegend verwendbar, wenn kein Hindernis wie ein Bunker zwischen Ball und Loch liegt.

Chip and run
Der Schlag ähnelt einem Putt und wird meist mit einem mittleren *Eisen* gespielt.

Chipping-Grün
Übungsgrün, um Chip-Schläge in verschiedenen Lagen und Entfernungen zu trainieren oder um sich vor der Runde warmzuspielen.

Club
Verein für Golfspieler, aber auch englische Bezeichnung für Golfschläger.

Clubmaker
Ein Spezialist, der Schläger nach Maß herstellt und Reparaturarbeiten ausführt. Siehe *Custom Fitting Service*.

Course Rating
Im Course Rating wird die Schwierigkeit eines Platzes für einen *Scratch*-Golfer (Handicap 0) und einen *Bogey*-Golfer (Handicap 18-22) ermittelt. Die durchschnittliche Schlagzahl des Scratch-Golfers sieht man im Course-Rating-Wert (zum Beispiel 71,2. Immer mit Dezimalstelle). Der Bogey-Rating-Wert wird in den sogenannten *Slope-Wert* umgerechnet, damit in einer Formel die Spielvorgaben auch für alle anderen *Handicaps* außer 0 oder 18 berechnet werden können.
Der Basiswert eines Golfplatzes beläuft sich auf Slope 113 x Stammvorgabe − Course Rating + Par = Spielvorgabe.
Allein der Spieler trägt die Verantwortung, dass sein Handicap richtig auf der Score-Karte eingetragen ist.

Course Marshal
Von der Clubleitung bestimmter Helfer, der den zügigen Spielverlauf auf dem Platz kontrollieren soll.

Cup
Der Einsatz im Loch, in dem der Flaggenstock steckt.

Custom Fitting Service
Shops, die professionell zum Teil mit Computeranlagen (Messung der Schlägerkopfgeschwindigkeit) Schläger genau auf den Spieler anpassen. Dynamisches Fitting ist Schläeranpassung nach Beobachtungen – Treffpunkt des Balles im Schwung – und seine Flugbahn auf der Driving Range. Siehe auch *Clubmaker*.

Cut
Hat im Golf drei Bedeutungen:
1. Angeschnittener Schlag *(Cut Lob)*, der von außen nach innen geschlagen wird, damit der Ball hoch steigt und nach der Landung schnell ruht.
2. Cut nennt man auch Beschädigungen am Ball.
3. Oder die maximale Schlagzahl, der Schnitt (Cut), den ein Spieler bei großen Turnieren für den Einzug in die Finalrunde schaffen muss.

Cut Lob
Kurzer, hoher Schlag. Der Ball stoppt sofort nach der Landung. Durch *offenen Stand* und Schlägerblatt im kurzen Spiel unterschneidet man den Ball mit aggressivem Schwung.

Dimple
Runde Vertiefungen in der Oberfläche des Golfballs. Die bis zu 500 kleinen Dellen in der Außenhaut des Golfballs dienen dem Auftrieb und Flug. Je tiefer die Vertiefungen sind, umso flacher fällt die Flugkurve aus. Siehe auch *Trajectory*.

DGV
Abkürzung für Deutscher Golf Verband e. V., den Dachverband des Golfsports in Deutschland.

Diplomierter Golflehrer
Der sogenannte *Pro* ist meist in der *PGA of Germany*, einer Golflehrer-Vereinigung.
Es gibt *Teaching Pros*, die überwiegend Unterricht geben. Sie absolvieren eine dreijährige Lehrzeit. Am Ende wird neben dem sportlichen Können ausführlich Theorie (Pädagogik, Platzpflege, Schlägerbau, Regelkunde usw.) geprüft.
Zudem gibt es *Playing Pros*: Sie verdienen ihr Geld auf der *Tour*.

Glossar

Divot
Ein durch den Schlägerkopf herausgeschlagenes Rasenstück. Laut Golf-*Etikette* wird der Rasenbüschel wieder in die Divotmulde zurückgelegt und festgetreten.

Dogleg
Spielbahn, die in Form eines Hundebeins angelegt ist. Macht meist auf Drivelänge einen Knick nach links oder rechts und gibt dann den Blick aufs Grün frei.
Gut angelegte Par-4 und 5-Fairways zwingen den Golfer, entweder die längere, meist weniger riskante Strecke über den Schenkel des Hundebeins zu wählen oder die schlagsparende, oft gefährliche Abkürzung zu nehmen. Siehe auch *Tigerline (rote Linie)*.

Doppel-Bogey
Zwei Schläge über Par. Siehe *Bogey*.

Double-Eagle
Siehe auch *Albatros*.

Double or nothing
Begriff aus der Zockersprache. Am letzten Abschlag bietet man seinem Mitspieler an, noch einmal alles auf eine Karte zu setzen. Der bereits beim Zocken Zurückliegende muss dann das Doppelte des schon bis dahin verlorenen Einsatzes zahlen. Gewinnt er, zahlt er nichts.

Down
Anzahl der Löcher oder Einsätze, die ein Spieler beim *Lochwettspiel* oder Wetten zurückliegt. Das Gegenteil ist *Up*.

Drall
Drehung des Balls. Siehe auch *Backspin* und *Spin*.

Draw
Kontrollierter Schlag, bei einem Rechtshänder macht der *Ball* in der Flugbahn eine leichte Kurve nach links. Nach dem Aufprall hat er eine längere Ausrollphase. Siehe auch Gegensatz: *Fade*.

Drive
Schlag aus der Abschlagzone. Der Ball soll möglichst viel Weite machen.

Driver
Oder *Holz* 1: Der längste Schläger in der Tasche. Er wird für weite Abschläge verwendet.

Driving Range
Übungsgelände für Anfänger und Profis zum Trainieren und Warmspielen vor der Runde. Sehr gute Spieler gehen sogar wieder nach der Runde dorthin, um zu korrigieren, was ihnen an den Schlägen auf der Runde nicht gefallen hat.

Drop
Fallen lassen des Balls bei Anwendung einer *Regel*, die einem die Spielfortsetzung an anderer Stelle erlaubt. Dabei muss der Spieler aufrecht stehen und den Ball mit ausgestrecktem Arm in Schulterhöhe fallen lassen. Siehe auch *Free-Drop*.

Dropping-Zone
Um den Spielbetrieb auf dem Platz nicht aufzuhalten, wurden an extrem schwierigen Hindernissen markierte Zonen (DZ) geschaffen, falls es nicht möglich ist, nach der jeweiligen Regel zu verfahren. Dort wird bei Ballverlust innerhalb der Markierung der Ball gedroppt.

Duffer
Scherzhafte Bezeichnung für Hacker, schlechter Spieler.

Dünn getroffen
Der Schlägerkopf hat den Ball mit seiner Unterkante zu hoch getroffen, siehe auch: *toppen*. Dadurch bleibt der *Loft* unwirksam, und der Ball flitzt im niedrigen Bogen ohne Entfernungskontrolle davon. Das Gegenteil von dünn getroffen ist *fett getroffen*.

Durchschwung
Der Durchschwung, oft irrtümlich Abschwung genannt, ist der Part beim Golfschwung, bei dem der Schläger sich zum Ball bewegt und nach dem Kontakt in die Endposition (das *Finish*) ausläuft.

Durchspielen
Das Überholen einer Spielergruppe, die zuvor vor einem war. Nach der *Etikette* ist es einer schnelleren Gruppe erlaubt, eine langsamere, die das Spiel verzögert, zum Beispiel durchs Ballsuchen, zu überholen.

*E*agle

Zwei Schläge unter *Par* an einem Loch. Beim Par-3-Loch ist der Begriff *Ass* oder *Hole-in-One* geläufiger.

Ehre

Englisch: Honour. Die Ehre entscheidet, wer als Erster abschlägt. Am ersten *Tee* schlägt in der Regel der Spieler mit dem niedrigsten *Handicap* ab. Danach hat der die Ehre, der am letzten Loch den niedrigsten *Score* spielte. Bei gleichem Ergebnis darf der Spieler mit „Restehre" erneut als Erster abschlagen.

Einstellige Handicapper

Englisch: *Single Handicapper*. Spieler, die höchstens *Vorgabe* 9 haben. Wer Handicap 0 hat, wird als *Scratch*-Spieler bezeichnet. Ganz wenige Spieler haben ein Handicap besser als 0 (Plusvorgabe). Pros haben kein Handicap.

Eisen

Englisch: Irons. Das sind alle Schläger mit kantigen Metallköpfen. Sie sind nummeriert von 1 (weiteste, flachste Flugbahn) bis 9 *Pitching-Wedge*, Abkürzung PW, selten 10, und Sand-Wedge, Abkürzung SW, selten Eisen 11 genannt (kürzeste und höchste Flugbahn).

Entfernungsangaben

Laut *Deutschem Golf Verband (DGV)* immer zum Grünanfang. Gekennzeichnet durch Pfosten am Rand der Spielbahn (ein Ring am oberen Ende - 100 Meter, zwei Ringe - 150 Meter, drei Ringe - 200 Meter) oder durch Markierungen auf der Spielbahn (weiß - 100 Meter, rot - 150 Meter, gelb - 200 Meter). Auf den meisten *Score-Karten* steht, welche Markierungen der jeweilige Platz hat.

Etikette

Verhaltensregeln für Golfspieler. Definiert in den Golfregeln durch den *R&A* (Royal & Ancient Golf Club of St. Andrews), der auch sämtliche Golfregeln festlegt.

Es gibt drei wesentliche Abschnitte:
1. Sicherheit und Rücksichtnahme,
2. Vorrecht auf dem Golfplatz,
3. Schonung der Spielanlage.

Erleichterung

Der Ball kann nach den *Regeln* straflos oder mit *Strafschlag* (je nach Regel) in eine bessere Position gebracht werden.

Ersten Neun
Englisch: Front Nine und Out. Die erste Hälfte einer 18-Loch-Runde spielt man vom Clubhaus weg und kehrt auf den *zweiten neun* Löchern, englisch: Back Nine und In, zurück.

Even
Englische Bezeichnung für Gleichstand oder *Par*.

Explosionsschlag
Diese Form des Sandschlags wirbelt im *Bunker* viel Staub auf, wenn das Schlägerblatt schwungvoll durch den Sand hindurch unter den Ball gebracht wird.

Fade
Kontrollierter Schlag, bei dem der Golfball in der Flugbahn eine leichte Kurve von links nach rechts macht. Nach dem Aufprall rollt der Ball nur noch gering aus. Siehe auch Gegensatz: *Draw*.

Fahne
Andere Ausdrücke: Pin, Flagge, Stock. Sie zeigt auf dem Grün die *Fahnenposition* an: vorn, mittel, tief. In der Regel ist der Stock der Fahne 1,80 Meter lang, am oberen Ende weht ein bunter Wimpel.

Fahnenposition
Englisch: Pin-Position. Bei großen Turnieren erhalten die Teilnehmer vor der Runde ein Blatt, auf dem in Schritten angegeben wird, wo das Loch sitzt. Zum Beispiel: 12/6R bedeutet 12 Schritte vom Grünanfang und 6 Schritte vom rechten Rand. Es wird immer die kleinere Entfernung zum Rand angegeben, damit die Spieler wissen, auf welcher Seite des Lochs weniger Raum für ungenaue Schläge sind.

Fahnenhöhe
Englisch: *Pin-high*. Ein Schlag, bei dem der Ball auf gleicher Höhe wie das Loch liegen bleibt.

Fairway
Kurzgemähte Spielbahn zwischen *Abschlag* und *Grün*, bei dem der Ball in der Regel eine gute Spiellage hat.

Fairway-Bunker
Sandhindernis in der Mitte oder am Rand des Fairways, oft im Landebereich des *Drivers*.

Glossar

Fallen lassen
Englisch: *Drop*. So wird ein Ball wieder ins Spiel gebracht, nachdem er für unspielbar oder als verloren bezeichnet wurde.

Fee
Gebühr, siehe *Greenfee*

„Fett" getroffen
Wenn der Schlägerkopf vor dem Ballkontakt erst den Boden (fett), trifft, beziehungsweise, berührt. Resultat: Schlag fällt erheblich kürzer aus.

Finish
Die Endposition nach dem Schlag.

Flange
Auch Flansch genannt, bezeichnet üblicherweise den Teil an Rückseite und Sohle eines Sandeisens. So erzielt beispielsweise ein schwerer, breiter Flange auf weichem, lockerem Sand optimale Wirkung.

Flacher Schwung
Der Schläger wird im *Rückschwung* eher horizontal als vertikal geschwungen. Das Gegenteil ist *steiler Schwung*.

Flexpoint
Das Maß für die Federung des Schafts. Ein weicher Schaft gibt mehr nach, dadurch erhält der Schlägerkopf eine höhere Geschwindigkeit, aber auch weniger Kontrolle. Als Flexpoint wird der Punkt des Schafts, der sich am meisten biegt, bezeichnet. Es gibt drei Kategorien: high, mid und low.

Flight
Zwei, drei oder vier Spieler bilden umgangssprachlich einen Flight auf der Runde. Richtig ist „Spielergruppe", da der Begriff „Flight" im englischen eine Wertungsklasse in einem Turnier bedeutet.
Ursprünglich bedeutet Flight auf Deutsch *Flugbahn* des Balls.

Flyer
Der Ball, der wegen seiner Lage, etwa in hohem, nassen Gras, keinen *Backspin* erhält und weiter als üblich fliegt und vor allem ausrollt.

Flugbahn
Der Ball kann hoch, flach und krumm fliegen. Siehe auch *Flight*.

Fore
International üblicher Warnschrei, der alle Spieler im Umfeld informiert, die durch einen verschlagenen Ballflug in Gefahr sind.
Nicht nur der Spieler, auch die Mitspieler können bei drohender Gefahr Fore rufen. Kommt von dem Ruf „beware before".

Forecaddie
Eine Person, die von der Spielleitung eingesetzt wird, um an einer bestimmten Stelle des Platzes die Flugbahn und den Landepunkt der Bälle zu beobachten. Zuschauer bei einer Spielergruppe, die vorlaufen und nach den Bällen schauen, bleiben Zuschauer und werden dadurch nicht zu Forecaddies.

Foreward Press
Eine *Waggle*-Variante. Hände, Knie oder Hüften werden vor Schwung- oder Putt-Beginn leicht in entgegengesetzte Richtung gedrückt.

Free Drop
Straffreies Fallenlassen eines Balls innerhalb einer Schlägerlänge, zum Beispiel beim *Biotop*, Boden in Ausbesserung (Ground-under-repair) oder zeitweiligem Wasser.

Gap-Wedge
Mit diesem Schläger erreicht man – voll geschwungen – Entfernungen, die zwischen *Sand-Wedge* und *Pitching-Wedge* liegen. Die Gap-Wedge schließt zwischen Schlagweiten eine Lücke (englisch Gap).

Gelbe Markierung
Alle frontalen Wasserhindernisse (Wassergraben, Teich, Bach, Fluss, See, Meer) werden mit gelben Pfosten oder Linien gekennzeichnet. Siehe auch *Rote Markierung*.

Gesamtweite
Die reine Fluglänge des Balls bis zum Aufprall auf dem Boden plus die Distanz, die der Ball dann ausrollt, wird als Gesamtweite bezeichnet.

Geschlossener Stand
Wird meist beim Draw eingesetzt. Der linke Fuß (bei Rechtshändern) ist näher als der rechte Fuß an der Ball-Ziel-Linie. Das Gegenteil ist ein *offener Stand* beim *Fade*.

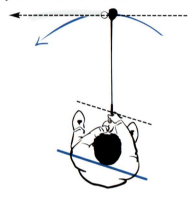

Gimme
Geschenkter Putt: Wenn der Ball nahe am Loch liegt, kann man dem Gegner im *Lochwettspiel* das Einlochen schenken. Man traut ihm zu, dass er den Schlag sicher kann. In *Zählspielen* darf nie ein Putt „geschenkt" werden.

Ginty
Spezialholzschläger, der Bälle aus schwierigen Lagen wie knöchelhohem Gras befreit und für Weite sorgt.

Golfball
Siehe *Ball*

Grain
Die Richtung, in der das Gras auf dem Grün wächst. Die Art des Graswuchses auf dem Grün wird auch Nap genannt.

Grand Slam
Bezeichnung für die vier großen, internationalen Turniere, auch Mayors genannt: US Masters, US Open, (British) Open und PGA Championship.

Greenfee
Gebühr, um auf einem fremden Platz spielen zu dürfen. Manche Clubs verlangen von ihren Gästen die Vorlage einer Clubkarte mit *Handicap-* oder *Platzerlaubnis*nachweis.

Greenkeeper
Platzarbeiter die wässern, düngen, aerifizieren, mähen und walzen, bis auf allen Grüns in unterschiedlichsten Lagen, Schatten und Umfeld fast gleiche Rollgeschwindigkeit herrscht. Zudem sind Greenkeeper, häufig unterstützt von einem modernen Maschinenpark, für die Instandhaltung des ganzen Platzes zuständig.

Griff
Englisch: Grip. Die Verbindung zwischen Schlägergriff und Händen. Rechtshänder tragen in der Regel links einen Handschuh (bei Linkshändern umgekehrt). Der Schläger soll im Schwung nicht rutschen und

den gewaltigen Reibungsenergien standhalten. Liegen rund zwei Zentimeter Spielraum zum Griffende, schwingt es sich steiler. Wer den Schläger am Griffende schwingt, wird dadurch ungewollt flacher. Übrigens: Bei richtiger Schlägerhaltung übersteht ein Handschuh etwa zwölf Runden. Siehe auch *Interlocking Grip, Vardon Grip, starker Griff* und *schwacher Griff*.

Grooves

Längliche *Rillen* in der Schlagfläche des Schlägerblatts. Durch sie erhält der Ball mehr *Backspin*. Deshalb sollte man immer darauf achten, dass sie sauber sind. Seit 2010 gibt es nur noch neue Schläger mit Grooves mit einem geänderten Querschnitt, die wahrscheinlich ab 2020 allein zulässig sein werden. Jeder Spieler, der an Turnieren teilnimmt, sollte sich rechtzeitig um regelkonforme *Eisen* kümmern. Siehe auch *Rillen*.

Grün

Englisch: Green. Extrem kurzgeschnittene Rasenfläche mit *Loch* und *Fahne*. Hier wird der Ball mit dem *Putter* ins Loch gerollt.

Grün lesen

Meist hinter, seitlich oder vor Ball und Loch stellt man sich vor, welchen Putt-Verlauf und welche Geschwindigkeit der Ball braucht, um ins Loch zu fallen.

Grün-Geschwindigkeit

Gemeint ist mit dieser umgangssprachlichen Bezeichnung die Rolllänge der Bälle auf dem Grün. Vor und während großer Turniere kontrollieren *Greenkeeper* mit einer Schiene auf einer möglichst waagerechten Grünfläche die Laufgeschwindigkeit des auf zwei bis drei Millimeter geschnittenen Rasens. Siehe auch *Stimpmeter*.

GUR

Abkürzung für „Ground-under-repair", *Boden in Ausbesserung*, eine mit *blauen Pfosten* ausgewiesene Fläche die nicht betreten werden darf.

Hacker

Scherzhafte Bezeichnung für schlechte, meist ungeübte Spieler, die mit ihren Schlägen den Rasen auf der Range oder dem Platz „umpflügen".

Handicap

Auch *Vorgabe* genannt. Ein Handicap (HCP) soll die wahre Spielstärke eines Golfers bestimmen, damit er gleichberechtigt gegen andere Mitspieler im Wettkampf antreten kann. Es errechnet sich aus allen Schlägen, die ein Spieler auf der Runde benötigte. Wer im Schnitt jedes Loch in *Par* spielt, hat Handicap 0, siehe auch *Scratch-Spieler*. Wer im Schnitt jedes Loch einen Schlag über Par spielt hat Handicap 18. Wer im Schnitt zwei Schläge über Par spielt, hat Handicap 36. Bei drei Schlägen über Par pro Loch kommt man auf das höchstmögliche Handicap 54.

Handicap-Schoner
Golf gehört zu den wenigen Sportarten, die es erlauben, in unterschiedlichen Spielstärken gegeneinander zu kämpfen. Leider wird es von einigen Spielern zu ihren Gunsten missbraucht. Jeder, der mit einem ehrlichen *Handicap* gegen sie antritt, befindet sich im Nachteil.

Handicap-System
Um die Spielstärke der Spieler untereinander im Wettkampf fair zu gestalten, erhält der höhere Handicapper eine Differenz an Schlägen vor, um gleiche Voraussetzungen zum niedrigeren Handicapper zu schaffen. Zum Beispiel: Ein Spieler mit Vorgabe 28 spielt gegen einen mit 8. Der High-Handicapper hat bei voller *Vorgabe* zum *Single-Handicapper* 20 Schläge vor. Somit an jedem Loch einen Schlag und an den beiden schwersten zwei. In offiziellen Wettspielen gibt es eine Dreiviertel-Vorgabe, in unserem Fall 15 Schläge.

Heel
Deutsch: Ferse. Der Teil des Schlägerkopfs unterhalb vom Schaftende. Das Gegenteil ist die Schlägerkopfspitze, siehe *Toe*.

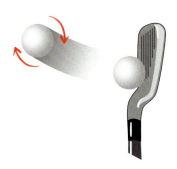

Hemmnis
Es gibt „bewegliche" Hemmnisse, künstlich hergestellte Gegenstände: Abfallpapier, Blechdosen und Bunkerrechen zum Beispiel. Sie dürfen überall auf dem Platz straflos bewegt werden. Wird dabei der Ball bewegt, so ist das straflos und der Ball muss an die ursprüngliche Stelle zurückgelegt werden.
Es gibt auch „unbewegliche" Hemmnisse, mit künstlich hergestellter Oberfläche, zum Beispiel: Abschlagtafeln, Regenschutzhütten, Sitzbänke, Straßen, Ballwascher und Wege. Hier darf, wenn das Hemmnis den Stand, den Schwung oder die Lage des Balls behindert, straflose *Erleichterung* (ausgenommen im Wasserhindernis) in Anspruch genommen werden.

Hindernis
Englisch: *Hazard*. Bunker- und Wasserhindernisse, hohes Rough, Bäume, Büsche etc.

Hole
Siehe *Loch*

Hole-in-one
Auch Ass genannt. Es ist der Traum eines jeden Golfers, einmal den Ball mit dem ersten Schlag direkt vom Tee aus einzulochen. Nach alter Sitte gibt der Glückliche im Clubhaus, scherzhaft das 19. Loch genannt, eine Runde aus. In vielen Clubs werden die Schützen auf einer Tafel im Clubhaus verewigt.

Holz
Englisch: Wood. Ein Schläger, der früher aus Holz gefertigt wurde. Hickory- und Persimmon-Hölzer sind inzwischen von Oversize-Köpfen mit High-Tech-Formen aus Metall, Graphit, Karbon und Titanium verdrängt worden.

Hook
Meist ein ungewollter Fehlschlag. Der Ball fliegt „angeschnitten" zunächst etwas nach rechts, dreht dann jedoch scharf nach links ab (beim Linkshänder umgekehrt). Das Gegenteil ist ein Slice.

Hosel
Verbindungsstück des Schlägers, an dem der *Schaft* in den Schlägerkopf eingepasst wurde.

Hybrid
Wer mit *langen Eisen* oder schwierigen Lagen im *Semirough* Probleme hat, greift gern zum fehlerverzeihenden Zwitterschläger aus der Kombination Holz-Eisen-Schläger. Zudem erreicht man mit dem Hybrid, auch *Utility Wood*, *Trouble Wood* oder *Rescue* genannt, eine höhere Flugbahn.

Impact
Der Moment, an dem das Schlägerblatt auf den Ball trifft.

Inch
Ein englisches Längenmaß, das häufig für Schlägerlängen benutzt wird. Ein Inch = 2,54 Zentimeter.

Indoor-Golf
Putten im Wohnzimmer ist die einfache Form. Aufwändiger: Überdachtes Golf mit Abschlag von computergesteuerter Matte und Leinwand. Populär in Schneegebieten.

Insert
Weicher Einsatz, teils flächenfüllend, teils als kleine Einlage auf der Schlagfläche des Putter-Kopfs. Die Einlage soll mehr Gefühl für den Ball vermitteln, indem sie einen längeren Kontakt zwischen Putter-Blatt und Ball gewährt.

Interlocking-Grip
Bei dieser Griffhaltung liegt der linke Zeigefinger über der rechten Hand. Das macht den Unterschied zum Standardgriff aus. Spielerinnen und Spieler mit kleinen Händen greifen gern in dieser Version zum Schläger.

Kakao
Umgangssprachlich ein verschlagener Ball ins hohe Rough oder in die Büsche.

Kanonenstart
Hier werden die Teilnehmer beim *Turnier* auf alle Spielbahnen verteilt und starten nach Kanonenschlag gleichzeitig von allen *Abschlägen*.

Kickpoint
Der Biegepunkt ist die Stelle am Schaft, die sich beim Schlag am stärksten biegt. Je tiefer der Biegepunkt am Schaft, desto höher fliegt der Ball. Siehe auch *Flexpoint*.

Kompression
Härte eines Golfballs. Beim Auftreffen des Schlägerkopfes verändert sich die Ballform. Damen spielen meist weichere Bälle mit Kompression 80, Männer bevorzugen 90er-Kompression, und bei Sonne setzen Profis die härteren 100er-Bälle ein. Allgemein wird die Bedeutung der Kompression überschätzt, Tests beweisen kaum Abweichungen in Flugbahn, Weite und *Backspin*-Verhalten.

Kurze Eisen
Als solche bezeichnet man alle Wedges und die Eisenschläger 9, 8, und 7.

Kurzes Spiel
Der Bereich des Spiels, zu dem *Chippen*, *Pitchen*, *Sandschläge* und *Putten* gehören.

Lady
Gebräuchliches Wort für einen kümmerlichen Schlag vom Herren-Tee, der nicht über den Damenabschlag hinausgeht. Üblicherweise gibt der „Lady"-Schütze nach der Runde eine Getränkerunde für die Mitspieler aus.

Langes Spiel
Der Teil des Spiels, bei dem die Hölzer und die *langen Eisen* benutzt werden.

Langsames Spiel
Englisch: Slow Play. Spielen im Schneckentempo ist laut Regeln eine „unangemessene Verzögerung". Langsames Spielen kann zu Strafschlägen und zur Disqualifikation führen.

Lange Eisen
Als solche bezeichnet man die Eisenschläger 4, 3, 2 und 1.

Lay off
Das sogenannte Ablegen der Hände, der Schläger kippt im Rückschwung zur Seite, hat oft fatale Folgen. Siehe auch *Socket*.

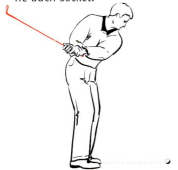

Lesen des Grüns
Nach dem Betrachten, also Lesen des *Grüns*, legt man fest, welchen Weg der Ball ins *Loch* einschlagen könnte. Siehe auch *Grünlesen*.

Lie
Der Anstellwinkel zwischen Schaft und ganzer Sohle des Schlägerkopfs am Boden. Der Anstellwinkel wird in Grad gemessen und kann durch die Haltung des Spielers verändert werden. Flach ist der Lie, wenn die Ferse des Schlägerkopfs abgesenkt wird. Normal bis steil, wenn die Ferse angehoben wird.

Links-Kurs
Bezeichnung für naturbelassene Golfplätze entlang der Küste.

Lippe
Der Lochrand. Siehe *Auslippen*

Lob-Wedge
Spezial-Wedge, auch Approach-Trouble-, Gap- und Zwischen-Wedge genannt. Der Loft reicht von 50 bis 64 Grad. Die hohe Flugkurve überwindet leicht Hindernisse und lässt den Ball schnell zur Ruhe kommen.

Loch
Englisch: *Hole*. So wird auch die Spielbahn bezeichnet. Das Ziel aller Golfer hat einen Durchmesser von 10,8 Zentimeter, der Locheinsatz *(Cup)* für die Fahne muss mindestens zweieinhalb Zentimeter unter der Grünoberfläche sein. Das Loch wird auf vielen Plätzen täglich neu platziert, weil das Gras drum herum schnell abgetreten ist.

Lochwettspiel
Bei dem Spielformat werden nicht die einzelnen Schläge, sondern nur die gewonnenen Löcher gezählt. Wer am Ende die meisten Löcher für sich entschieden hat, ist der Sieger.

Loft
Der Winkel des Schlägerblatts zum Schaft. Er ist ausschlaggebend, wie hoch *(Lob-Wedge*, zum Beispiel 64 Grad) und weit (*Holz* 1, zum Beispiel 9 Grad) ein Ball fliegt.

Longest Drive
Sonderwertung bei Turnieren oder ein Spezial-Wettbewerb, bei dem vom *Abschlag* so weit wie möglich aufs *Fairway* hinausgeschlagen werden soll. Eine weitere beliebte Sonderwertung ist *Nearest to the pin*.

Longhitter
Golfer, die ihre Drives extrem weit spielen. Der Shorty ist – scherzhaft ausgedrückt – das Gegenteil.

Luftschlag
Der Ball wird beim Versuch, ihn zu schlagen, verfehlt. Der Schlag zählt jedoch.

Löffeln
Den Ball in die Luft löffeln, statt das Hochheben des Balls der schräg gestellten Schlagfläche zu überlassen.

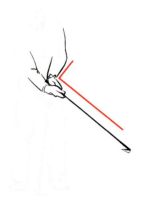

LPGA
Abkürzung für Ladies Professional Golfers Association, Verband der weiblichen Golfprofis *(Proetten)*.

Mayor
Wie beim Tennis gibt es auch beim Golf vier wichtigste Turniere: US-Masters, US-Open, PGA-Championship und (British) Open. Sie bilden zusammen den *Grand Slam*.

Mittlere Eisen
Als solche bezeichnet man die Eisenschläger 6 und 5.

Mulligan
Ein schlechter Schlag darf in Privatrunden straflos wiederholt werden. Die Idee hatte der Ire Fergus O'Shaugnessy Mulligan.

Beim Floating Mulligan kann der Spieler entscheiden, an welchem *Tee* auf der Runde er ihn einsetzt. Mulligans einzusetzen, ist selbstverständlich nicht regelkonform!

Nearest to the pin
Sonderwertung bei Turnieren, wie *Longest Drive*. Wer am vorher festgelegten Par-3-Loch mit dem ersten Schlag nah an der Fahne gelandet ist, gewinnt einen Sonderpreis (oft für Damen und Herren getrennt).

Netto
Das Netto-Ergebnis ist die Gesamtzahl der Schläge eines Spielers abzüglich seiner jeweiligen *Vorgabe*.

Neunzehntes (19.) Loch
Scherzhafte Bezeichnung für Clubhaus oder Clubhausbar.

No Return
Vorzeitiges Beenden einer *Wettspielrunde*. Wer keine schwerwiegenden Gründe (zum Beispiel Verletzung) hat, sollte nie die Runde abbrechen.

Offenes Turnier
Englisch: Open. „Offen" heißt, dass bei einem Turnier auch Mitglieder anderer Clubs dabei sein können.

Offset-Stellung
Eine nach hinten zurückversetzte Schlagflächenstellung. Sie hilft Spielern mit *Slice*-Tendenzen, die Hände mehr vor den Ball zu bringen, ihn zu schlagen, anstatt zu *löffeln* oder *hacken*.

Öffentlicher Golfplatz
Eine Anlage, auf der jeder spielen darf, der golfen kann und *Etikette* und *Regeln* kennt. Auch ohne Mitgliedschaft.

Offener Stand
Eine Ansprechposition zum Ball, bei der man sich, meist um einen *Fade* zu schlagen, nach links vom Ziel ausrichtet. Das Gegenteil ist ein *geschlossener Stand*.

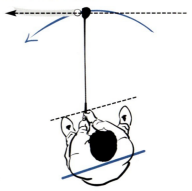

Order of Merit
Spieler-Rangliste der *PGA* European Tour nach gewonnenem Preisgeld.

Glossar

Out of Bounds
Ein *Aus-Ball* wird durch *weiße Markierungen* gekennzeichnet, die nicht zur Spielfläche gehören. Ein Ball, der dort landet, ist aus dem Spiel, der Schlag muss von gleicher Stelle wiederholt werden und ein *Strafschlag* wird fällig.

Overlapping-Grip
Eine beliebte Griffhaltung, bei der sich der kleine Finger der rechten Hand zwischen den Zeige- und den Mittelfinger der linken Hand legt. Siehe auch *Baseball-Grip* und *Interlocking-Grip*.

Oversize
Hölzer, Eisen und Putter, die einen extra großen Schlägerkopf mit breiter, spielverzeihender Trefffläche haben, sind für Einsteiger und Wochenendgolfer mit mittleren Handicaps gut geeignet.

Overspin
Vorwärtsdrall des Balls, der nach der Landung um einiges weiterrollt.

Par

Abkürzung für Professional Average Result. Bei Amateuren die vorgesehene Schlagzahl eines Loches – für Handicap 0. Par sagt dem Golfer, wie viele Schläge ideal für ein Loch oder eine Runde sind.
Es gibt drei offiziell vorgegebene Schlagzahlen für ein Loch:

Par 3: Es kann für Damen bis 192 Meter lang sein.
Bei den Herren bis 229 Meter.
Par 4: Es kann für Damen 193 bis 366 Meter haben.
Bei den Herren 230 bis 430 Meter.
Par 5: Es hat für Damen eine Mindestlänge von 367 Meter.
Bei den Herren 431 Meter.
Neben der Länge des Lochs hängt die Par-Einteilung auch vom Spielschwierigkeitsgrad (Steigung, Gefälle, Hindernisse etc.) ab. Die Summe aller achtzehn Pars ergibt das Par des Platzes. Häufig gibt es vier Par-3, vier Par-5 und zehn Par-4-Löcher.
Par ist auch die englische Bezeichnung für Gleichstand. Siehe *Even*.

Parkland-Course
Golfplatz in parkartiger Landschaft, meist mit wenig *Rough*.

PGA
Abkürzung für Professional Golfers Association, Verband der Golflehrer (Playing- und Tour-Professionals). Die PGA of Germany ist Mitglied im Deutschen Golf Verband *(DGV)*.

Perimeter Weighting
Konstruktionsverfahren, bei dem das Gewicht des Schlägerkopfs überwiegend in die Außenbereiche des Schlägerblatts verteilt wird. Dadurch entsteht ein größerer *Sweetspot*. Eine andere Bezeichnung für Perimeter Weighting heißt *Cavity-back*.

Pin
Ein Stab, an dem die Fahne befestigt ist, die auf dem Grün die Position des Lochs anzeigt. Englischer Begriff für *Fahne*.

Pin high
Ein Schlag auf oder neben das Grün, der auf einer gedachten, horizontalen Linie auf *Fahnenhöhe* liegt.

Pin Position
Englische Bezeichnung für *Fahne*.

Pitch
Hoher und kurzer Annäherungsschlag zum Flaggenstock, wird normalerweise mit einem *Wedge* ausgeführt. Der Ball fliegt im hohen Bogen und rollt nach dem Aufprall wenig aus.

Pitch and run
Ein Annäherungsschlag mit viel Auslauf auf dem Grün. Der Ball wird absichtlich flacher als normalerweise gespielt.

Pitchgabel
Hilfsmittel zum Ausbessern von Einschlaglöchern auf dem Grün.

Pitching-Grün
Übungsgrün, um aus unterschiedlichen Schlagdistanzen zu trainieren oder sich vor der Golfrunde warmzuspielen.

Pitching-Wedge
Der wohl am häufigsten eingesetzte Schläger ums Grün, eignet sich universell für hohe und etwas flachere Schläge.

Pitchmarke
Das Einschlagloch, beispielsweise durch einen Pitchschlag, ist eine Beschädigung des Grüns. Damit das Grün schnell wieder einwandfrei nachwächst, sollen Ballspuren mit einer Pitchgabel oder notfalls mit einem Tee entfernt werden. Die Pitchmarke wird auch Ball-Mark genannt.

Pitch- und Putt-Platz
Sogenannte Kurzplätze, auf denen das *kurze Spiel* geübt werden kann.

Platzerlaubnis
Auch *Platzreife* genannt. Die PE (Platzerlaubnis) erteilt der Golflehrer oder ein Mitglied des Spielausschusses dem Neugolfer, der theoretisch und praktisch die Grundkenntnisse des Sports beherrschen muss.

Platz-Handicap
Siehe *Vorgabenverteilung*

Platzregeln
Englisch: Local Rules. Regeln, die ein *Club* erlässt. Diese Regeln stehen meistens auf der Rückseite der *Score-Karte*.
Platzregeln können aber nie offizielle *Regeln* außer Kraft setzen.

Platzreife
Offizielle Spielberechtigung auf dem Golfplatz. Siehe auch *Platzerlaubnis*.

Platzzustand
In gut geführten Clubs erhalten die Spieler vor Buchung der Startzeit *(Tee-Time)* detaillierte Informationen über den Platzzustand.
Hinweise, ob die *Grüns* gesandet (Putts werden schwer berechenbar), die *Fairways* gemäht oder eine Spielbahn wegen Umbauarbeiten übersprungen werden muss.

Playing-Professional
Auch *Playing-Pro* genannt, jemand der seinen Lebensunterhalt mit Turnierspielen verdient. Das Gegenteil ist ein *Teaching-Pro*, ein Golflehrer im Club.
Um in die amerikanischen, asiatischen oder europäischen Touren zu gelangen, sind Qualifikationen nötig. Wer die Tour-Karte hat und in der offiziellen Preisrangliste im vorderen Feld mitgolft, ist automatisch im nächsten Jahr dabei. Wer seine Spielberechtigung nicht halten kann, muss sich in der „Qualifyinig School" ein neues Spielrecht erspielen. Von rund 1.000 Spielern im Jahr schaffen dies nur die besten 30.

Play Off
Wenn zwei oder mehrere Spieler die reguläre Lochanzahl mit einem Unentschieden beendet haben, wird der Sieger durch das Spielen von einem oder mehreren zusätzlichen Löchern ermittelt. Siehe auch *Sudden Death*.

Pot-Bunker
Kleines, tiefes, rundes Sandhindernis, aus dem schwer zu spielen ist. Kommen meist auf Dünenplätzen vor. Siehe auch *Bunker*.

Pressen
Begriff aus der Zockersprache. Ein Spieler oder ein Team, das im Rückstand ist (meistens zwei Punkte oder Einheiten), kann „Pressen". Von diesem Moment an wird der Spielein-

satz verdoppelt. Je nach Absprache gilt diese Verdoppelung für das nächste Loch oder für den Rest der Runde.

Pro
Kurzform für *Professional*. Golflehrer *(Teaching-Pro)* oder Berufsspieler *(Playing- oder Tour-Pro)*. Siehe auch *Tour*.

Pro-Am
Abkürzung für: Ein *Pro*fessional und bis zu drei *Am*ateure spielen zusammen ein Turnier.

Probeschwung
Übungsschlag, um ein Gefühl für den Echt-Schlag zu erhalten. Oft ist der Probeschwung fester Bestandteil der Schlagvorbereitung. Siehe auch *Set-up* und *Routine*.

Proette
Weiblicher Professional, siehe *Pro*.

Profilinie
Siehe auch *Amateurlinie*

Pro-Shop
Golfartikelgeschäft auf dem Golfplatz, in dem man vom Schläger bis zur Kleidung alles kaufen kann, was mit Golf zusammenhängt.

Provisorischer Ball
Englisch: provisional Ball. Ein Ball, der ins Spiel gebracht wird, um einen möglicherweise verlorenen Ball im hohen *Rough* oder ins Aus geschlagenen Ball zu ersetzen. Findet man den ersten Ball nicht innerhalb von fünf Minuten, wird der Nachgeschlagene zum Ball im Spiel.

Pull
Missglückter Schlag, beim dem der Ball nach links vom Ziel startet und endet (beim Linkshänder umgekehrt).

Pull-Hook
Bei dem Fehlschlag startet der Ball links und fliegt noch weiter nach links als üblich.

Pull-Slice
Bei dem Fehlschlag startet der Ball rechts und fliegt noch weiter nach rechts als üblich.

Punch
Ein flacher, kontrollierter Schlag. Geeignet bei Gegenwind. Dient auch als Befreiungsschlag aus einer Divot-Mulde. Der Ball wird vom rechten Fuß gespielt, das Gewicht liegt mehr auf der linken Seite. Der Punch benötigt keinen vollen Rück- und Durchschwung. Zwar verliert man dadurch an Länge, erhält aber mehr Genauigkeit. Der Schlägerkopf wird mit festem Handgelenk geschwungen.

Glossar

Push
Missglückter Schlag, dessen gerade Flugbahn weit rechts vom Ziel startet und endet. Entsteht durch die Schwungbahn von innen nach außen, dabei ist die Schlagfläche *square* zur Schlagrichtung.

Push-Hook
Bei dem Fehlschlag startet der Ball rechts und kurvt nach links, weit weg vom Ziel.

Push-Slice
Bei dem Fehlschlag startet der Ball links und kurvt nach rechts, weit weg vom Ziel.

Putt
Der Schlag zum Einlochen auf dem *Grün*, mit einem besonderen Schläger, dem *Putter*. Das Putten macht bei Amateuren im Schnitt über 45 Prozent aller Schläge einer Runde aus.

Putter
Dieser Schläger wird hauptsächlich auf dem *Grün* oder in seiner unmittelbaren Umgebung eingesetzt. Manchmal sogar, um den Ball auf einem harten Sandboden, ohne Bunkerkante, herauszuschlagen.

Putting-Green
Übungsfläche zum Putten. Viele Löcher in verschiedenen Distanzen und Lagen, die gleichzeitig von mehreren Golfern auf dem Übungsgrün genutzt werden können.

Putt-Linie
Die Linie, die der Spieler auf dem *Grün* beabsichtigt zu spielen.

R&A

Abkürzung für Royal and Ancient Golf Club of St. Andrews in Schottland. Sie legen mit der United States Golf Association *(USPGA)* die weltweit gültigen *Regeln* fest.

Rabbit
Ausdruck für einen Anfänger, der noch kein *Handicap* hat.

Rangebälle
Übungsbälle speziell nur für die Driving Range. In der Regel fliegen die Bälle zehn Prozent kürzer.

Rangefee
Eine Gebühr für die Nutzung der gesamten *Driving Range*. Siehe auch *Greenfee*.

Recovery shot
Ein erfolgreicher Risiko-Schlag aus schwieriger Lage.

Regeln
Nur wer nach den Regeln spielt, spielt Golf. Drei Grundsätze sind dabei zu beherzigen:
1. Spiele den Ball, wie er liegt.
2. Spiele den Golfplatz, wie Du ihn vorfindest.
3. Wenn Du keines von beiden kannst, bleibe fair.
Um fair zu bleiben, sollte man die wichtigsten Regeln kennen. Das komplexe Regelwerk wird alle vier Jahre von der Regelkommission im Royal and Ancient Golf Club of St. Andrews in Schottland und der United States Golf Association überarbeitet und festgelegt. Zudem gibt es jährlich die Decisions of the Rules of Golf, einen rund 500-Seiten-Band über die offizielle Auslegung der 34 Regeln.

Release
Das natürliche Drehen der Handgelenke im Durchschwung, damit das Schlägerblatt im Treffmoment auf der *Ziellinie* ist.

Rescue
Siehe *Hybrid* und *Utility Wood*

Rhythmus
Harmonische Schwungbewegung des Körpers, bei der mit optimaler Geschwindigkeit des Schlägerkopfs der Ball einwandfrei getroffen wird.

Rillen
Englisch: *Grooves*. Horizontale Vertiefungen auf dem Schlägerblatt für besseren Ballkontakt.

Rote Markierung
Seitlich vom Loch liegende Wasserhindernisse sind mit roten Pfählen markiert. Ball kann direkt gespielt werden (Schläger darf nicht aufgesetzt werden!) oder mit einem *Strafschlag*, regelgerecht neben dem *Hindernis*, gedroppt und gespielt werden.

Rough
Bezeichnung für naturbelassene, „raue Flächen" auf dem Golfgelände, die nie oder selten gemäht werden. Meistens mit hohem Gras, Büschen und Gestrüpp.

Routine
Englisch: *Set-up*. Immer wiederkehrende Vorbereitungsschritte zum Schlag. Werden Routiniers im Ablauf dabei gestört, unterbrechen sie ihre vertraute Reihenfolge und starten von vorn.

Rückschwung
Der Rückschwung, auch Aufschwung genannt, beginnt mit der Ausholbewegung des Schlägers vom Ball weg nach hinten bis zum Wendepunkt, bevor der Schläger zum Ball runterschwingt.

Rundenanalyse
Hier wird jeder *Schlag* erfasst und nach der Runde ausgewertet. Eine gute Trainingsgrundlage für Fortschritte.

Ryder Cup
Bei ihm treten die besten Golfer Europas und der Vereinigten Staaten in einem Zwei-Jahres-Turnus gegeneinander an. Es ist das bedeutendste Golfmannschaftsturnier der Welt.

Sandbunker
Siehe *Bunker*, *Fairway-Bunker* und *Topfbunker*

Sandschlag
Beim Schlag aus dem Sandhindernis am Grün erfolgt in keiner Phase eine Ballberührung. Der Ball soll, wie auf einem Samtkissen, aus dem Bunker geschlagen werden.

Sand-Wedge
Das Sand-Eisen ist an der Sohle geformt wie kein zweiter Schläger in der Tasche: Die Vorderkante ist höher konstruiert als die Hinterkante. Sie hat beim Schlagen eine Steuerfunktion, die die mitgenommene Sandmenge bestimmt. Die tiefer gelegene Hinterkante lässt das Sand-Wedge leicht durch den Sand gleiten. Sie muss zuerst den Boden berühren, nicht etwa die Vorderkante, wie bei anderen Eisen! Üblicherweise haben Sand-Eisen 56 Grad Loft.

Schaftflex
Es gibt fünf übliche Flex-Stärken:
L (Ladies) = Damen
A (Average) = Senioren
R (Regular) = Herren medium
S (Stiff) oder F (Firm) = Herren steif
XS (Extra Stiff) = Herren extra steif.
Das Maß der Federung (Schaftflexibilität) wird in Grad gemessen. Weiche Schäfte biegen sich mehr und erhöhen die Schlägerkopfgeschwindigkeit, gewähren aber eine geringere Ballkontrolle. Zu harte Schäfte bedürfen großer Schlägerkopfgeschwindigkeit, sonst gewinnt der Ball nicht an Höhe und Länge.

Schlag
Die Vorwärtsbewegung des Schlägers in der Absicht, den Ball zu schlagen. Der Schlag kann auch als Zähleinheit angesehen werden.

Schlägerkopf
Teil des Schlägers, der den Kontakt mit dem Ball herstellt.

Schlägerkopfgeschwindigkeit
Das durchschnittliche Schwungtempo bei Profis liegt bei 175 km/h. Clubspieler beschleunigen durchschnittlich im Schwung um die 125 km/h und Clubspielerinnen um die 100 km/h.

Schwacher Griff
Diese Griffhaltung verhindert einen einwandfreien Ballkontakt während des Schwungs. Die Hände drehen auf dem Schaft zu sehr nach links. Das Gegenteil ist ein *starker Griff*.

Schwungebene
Englisch: Plane. Eine imaginäre Ebene, die die Schultern des Golfers und den Ball miteinander verbindet und auf der man im Schwung den Schlägerkopf bewegen sollte. Siehe auch *flacher* und *steiler Schwung*.

Schwungvorbereitung
Eine konstante *Routine* vor dem *Schlag* und vor dem *Putt*.

Score
So bezeichnet man die Schlaganzahl an einem Loch und die Summe aller Schläge auf allen Bahnen eines Golfkurses.

Score-Karte
Englisch: Score Card. Siehe *Zählkarte*.

Scratch
Ein *Handicap* von Null

Glossar

Semirough
Im Gegensatz zum hohen *Rough* wird das Semirough gemäht, und zwar auf die vorgegebene Grashöhe von rund 35 Millimeter.

Set-up
Die Standausrichtung eines Spielers zum Ball und zum Ziel, bevor er mit dem Schwung startet. Siehe auch *Routine*.

Signature-Hole
Das Bilderbuch-Loch des Platzes, oft quasi sein Aushängeschild.

Single Handicapper
Einstelliger Handicap-Spieler. Oft ein sportliches Ziel für ehrgeizige Golfer.

Slice
Meist ein ungewollter Fehlschlag. Der Ball fliegt „angeschnitten" zunächst etwas nach links, dreht dann jedoch scharf nach rechts ab (beim Linkshänder umgekehrt). Das Gegenteil ist ein *Hook*.

Slope
Ein Wert für den relativen Schwierigkeitsgrad eines Golfplatzes. Siehe auch *Course Rating*.

Socket
Auch Shank genannt. Fehlschlag, der Ball wird zwischen dem Verbindungsstück (Hosel oder Tülle genannt) von Schaft und Ferse des Schlägerblatts getroffen und schießt fast im rechten Winkel davon. Dasselbe passiert, wenn der *Ball* mit dem äußersten Ende des Schlägerkopfes getroffen wird. Gefährlich für Mitspieler, die gern vorauseilen.

Sohle
Die Unterseite des Golfschlägerkopfs.

Spiegelei
Englisch: Fried Egg. Ausdruck für einen tief im *Sandbunker* eingebetteten *Ball*, der äußerst schwierig aus dem *Hindernis* zu spielen ist. Solche Lagen kommen meistens vor, wenn ein Golfclub neuen Sand in die Bunker gefüllt hat, der sich noch nicht gesetzt hat.

Spikemarke
Kleine Schäden auf dem *Grün*, die durch die Spikes von Schuhsohlen

verursacht werden. Vor einem *Putt* dürfen Spikeschäden, die sich oft nahe am *Loch* befinden und den Ballverlauf verändern können, nicht durch Drücken beseitigt werden.

Spin

Ein Golfball kann Rückwärts-, Vorwärts- und seitlichen Drall (Spin) bekommen. Beim *Backspin* rollt der Ball nach dem Aufschlag zurück. *Overspin* bewirkt beim Auftreffen ein Weiterrollen, und Sidespin hat Auswirkung auf Flugkurven.

Splash-Schlag

Der Schlägerkopf des Spezialeisens gleitet, ohne den Ball zu berühren, unter ihm durch den Sand. Übertriebenen Handgelenkeinsatz vermeiden.

Square

Fußspitzen und Schultern richten sich parallel zur Ziellinie aus. Die Schlagfläche steht im rechten Winkel zum Ball auf der Ziellinie.

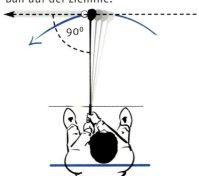

Stableford

Eine weitverbreitete Spielform, bei der die Scores an den einzelnen Löchern in Punkte umgerechnet werden. Sieger ist, wer die meisten Punkte hat.

Starker Griff

Die präzise Position der Hände ist ausschlaggebend für einen erfolgreichen Schlag. Beide Hände drehen am Schaft mehr nach rechts. Das Gegenteil ist ein *schwacher Griff*.

Stammvorgabe

Sie ist die genaue, tatsächliche Spielstärke eines Spielers. Siehe auch *Handicap* und *Vorgabe*. Siehe auch *Vorgabenstammblatt*.

Steckschuss

Der eingebohrte Ball gleicht beim nassen Sand einem Steckschuss (im trockenen Sand einem *Spiegelei*) und sollte auf Anhieb steil aus dem Hindernis befreit werden.

Steiler Schwung
Der Schläger wird im Rückschwung eher vertikal als horizontal geschwungen. Das Gegenteil ist *flacher Schwung*.

Stimpmeter
Die einfache Rutsche (genannt nach Edward Stimpson) misst zuverlässig und wiederholbar die Ball-Laufgeschwindigkeit auf dem Grün. Mit drei gleichen Bällen und drei Tees sowie einem Maßband (mindestens vier Meter) werden die Rolldaten nach dem Hochheben der 36 Inch langen, V-förmigen Schiene, die sich am Ende verjüngt, um ein Springen des Balls zu verhindern, erfasst. Oben befindet sich eine Startgrube in der Rinne, die von der Horizontalen aus nach einem Neigungswinkel von rund 20 Grad den Ball losrollen lässt. Jeder ruhende Ball der Serie (A) wird mit einem Tee markiert. Alle drei müssen nach 20 Zentimetern zum Halten gekommen sein. Wenn nicht, wird die Laufserie wiederholt. Danach erfolgt in Gegenrichtung vom Tee aus eine erneute Messserie (B). Die Durchschnittswerte von A und B addiert und durch zwei geteilt, ergeben die *Grün-Geschwindigkeit*.

Stock
Die Fahne, der Stock, steckt in einem Loch, um das die Rasenfläche auf drei bis fünf Millimeter gemäht wurde. Siehe auch *Pin*.

Straflos fallen lassen
Ein Fallenlassen des Balles – ohne damit verbundenen Strafschlag.

Strafschlag
Ein zusätzlicher Schlag, der wegen Regelverstoß oder Ballverlust dem bisherigen Ergebnis hinzugefügt wird.

Strich
Die Wuchsrichtung des Grases auf dem Grün. Siehe auch *Grain*.
Einen Strich macht man auf der *Score-Karte*, wenn im Turnier an einem Loch kein Punkt mehr erreicht wurde.

Sudden Death
Aus mehrfachen traurigen Anlässen nicht mehr gebräuchliche Bezeichnung bei Turnieren für ein Stechen bei Gleichstand nach 18 Löchern.

Surlyn
Strapazierfähige Kunststoffschale. Ein Surlynball ist bis zu fünf Jahre haltbar. Ein Zweischalen-Surlyn-Ball kann noch länger gelagert werden.

Sweetspot
Der am besten geeignete Punkt auf der Schlagfläche, um den Ball möglichst ideal zu treffen. Treffer im Sweetspot erzielen optimale Flugbahnen und wiederholbare Weiten.

Swingkey
Eine nützliche „Eselsbrücke", um nichts beim Schwingen zu vergessen. Maximal zwei Schwunggedanken sollten es sein. Man kann zum Beispiel seine Schlüsselgedanken auf der Rückseite einer Visitenkarte notieren oder ein Symbol, zum Beispiel ein Stop-Zeichen, auf den Handschuh malen.

Takeaway
Der Schwungbeginn, die Anfangsphase des Rückschwungs.

Target Line
Auf deutsch Ziellinie. Die Linie zwischen Ball und Zielpunkt.

Tap in
Ein ganz kurzer Putt, der oft nur noch angetickt werden muss, um ins Loch zu fallen. im Lochwettspiel wird er meist „geschenkt". Siehe *Gimme*.

Tee
Kleiner Holz- oder Plastikstift, auf den der Ball beim Abschlag gesetzt wird.
Tee heißt auch der Bereich, auf dem der *Abschlag* erfolgt.

Tee-Marker
Übliche Bezeichnung für Abschlagsmarkierungen.

Tee-Time
Auf deutsch Abschlagszeit: Uhrzeit, zu der die Spieler in der Regel am 1. Abschlag beginnen.

Texas-Wedge
Amerikanische Bezeichnung für *Putter*, wenn er außerhalb des Grüns benutzt wird, zum Beispiel im Sandbunker und auf dem *Vorgrün*.

Tigerline
   Direkte Linie vom *Abschlag* zum *Loch*. Meistens ein riskanter Schlag über Wasser und Hindernisse. Siehe auch *Dogleg*.

Toe
   Auf deutsch Zeh. Beim Schläger ist die Spitze des Schlägerblatts gemeint. Das Gegenteil ist *Heel*, die Ferse.

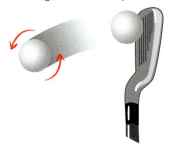

Token
   Münzen für den Ballautomaten auf der Driving Range.

Topfbunker
   Kleiner Sandbunker mit steilen Wänden. Siehe auch *Bunker*.

Toppen
   Ein Fehlschlag, auch dünner (thin) Schlag genannt, weil der Schlägerkopf den Ball mit der Unterkante auf der oberen (top) Hälfte des Balls trifft. Dadurch niedrigere Flugbahn als normal. In Amerika auch Snake- oder Rabbit-Killer genannt. In Deutschland wird ein Topper auch scherzhaft als Dackeltöter bezeichnet.

Torque
   Die Verwindung des Schaftes während des Schwungs. Sie wird in Grad gemessen.

Tour
   Mit hohen Preisgeldern ausgestattete, meist jährliche Turnierserien in Europa, USA, Australien und zum Teil in Afrika und Asien. Teilnehmen dürfen nur *Pros*, die bestimmte, hohe Spielqualifikationen erfüllen. Siehe auch *Playing-Pro*.

Trajectory
   Ein Produktmerkmal, das oft auf den Golfverpackungen auftaucht. Es bezeichnet die *Flugbahn* des Balls. Siehe auch *Flight*.

Transportschlag
   Wenn ein Ball auf sicher von A nach B gespielt werden soll, weil das Grün nicht erreicht werden kann, spricht man strategisch gesehen vom *Vorlegen* beziehungsweise vom Ablegen.

Triple-Bogey
   Ein Ergebnis von drei über Par an einem Loch.

Trolley
   Golfwagen, auch Cart oder Karre genannt, auf dem die Golftasche über den Platz gezogen wird.

Trouble Wood
Siehe *Hybrid* und *Utility Wood*

U*nbewegliches Hemmnis*
Wenn durch die Balllage der Stand oder der Schwung behindert wird, darf man straflose Erleichterung in Anspruch nehmen. Eine Behinderung der Spiellinie reicht nicht aus. Unbewegliche Hemmnisse sind alles durch Menschenhand Geschaffene auf dem Platz, wie künstliche Flächen, Begrenzungen von Wegen und Straßen sowie Sprinklerdeckel. Hier ist man berechtigt, straflos unter Regel-Beachtung weiterzuspielen. Markierungen, die das Aus anzeigen, gelten nicht als Hemmnis.

Unspielbare Lage
Englisch: Unplayable Lie. Eine Lage, bei der es unmöglich ist, den Ball zu schlagen. Jeder Spieler kann an jedem beliebigen Ort des Platzes (ausgenommen sind nur Wasserhindernisse) seinen Ball für unspielbar erklären. Er hat drei Möglichkeiten.
1. Dorthin zurück, wo der Ball zuletzt gespielt wurde.
2. Ball droppen innerhalb von zwei Schlägerlängen.
3. Ball fallen lassen hinter dem Punkt der unspielbaren Lage, genau auf der Linie zwischen *Loch* und der Stelle, wo der Ball lag. Auf der Linie darf man beliebig weit zurückgehen.
Eine Ausnahme gibt es: Man kann zwar seinen Ball im *Bunker* für unspielbar erklären, aber man muss ihn im Bunker *droppen* – und, wie bei allen Wahlmöglichkeiten, einen *Strafschlag* anrechnen.

Unterschlagen
Missglückter Schlag, bei dem der Ball, zu hoch aufgeteet, im oberen Bereich seiner Schlagfläche getroffen wurde. Der Ball fliegt unverhältnismäßig hoch (Kerze) und bleibt viel kürzer als beabsichtigt.

Up and down
Dem ersten Schlag, meist ein Bunkerschlag, ein *Chip* oder ein *Pitch* aufs *Grün* (up), folgt ein *Putt* ins *Loch* (down). Siehe auch *Ahead*.

USGA
United States Golf Association, amerikanischer Golfverband in Far Hills, New Jersey, der mit dem Royal and Ancient Golf Club of St. Andrews *(R&A)* in Schottland die weltweit gültigen *Regeln* festlegt.

USPGA
Abkürzung für United States Professional Golfers Assocation, amerikanischer Golflehrer Verband.

Utility Wood
Das Spezialholz hat viel *Loft*. Es kann helfen, wenn man Probleme mit langen Eisen hat. Man erreicht eine höhere Flugbahn mit dem Schläger. Siehe auch *Trouble Wood*.

Glossar

Vardongriff
Diese sogenannte neutrale Handhaltung (genannt nach Harry Vardon) wird auch als überlappender Griff *(Overlapping Grip)* bezeichnet. Er genießt bei vielen Golfern größtes Vertrauen.

VcG
Abkürzung für Vereinigung clubfreier Golfspieler. Die VcG, eine Tochter des *DGVs* hat selbst keinen eigenen Golfplatz. Aber man kann mit dem VcG-Ausweis weltweit auf nahezu allen Plätzen gegen *Greenfee* spielen. Für Schnupperer und Gelegenheitsgolfer eine günstige Mitgliedschaft.

Vierball
Spielformat, bei dem der bessere Ball zweier Spieler gegen den besseren Ball zweier anderer Spieler gespielt wird.

Vierer
Spielformat, bei dem Zwei gegen Zwei mit nur einem Ball spielen.

Vorgabe
Siehe *Handicap* und *Stammvorgabe*.

Vorgabenstammblatt
Das Vorgabenstammblatt (Handicap-Nachweis) wird vom Golfclub geführt. Für die Stammvorgabe werden alle Über- und Unterspielungen bei Turnieren berücksichtigt.

Vorgabenverteilung
Allen Löchern wird ein Schwierigkeitsgrad vergeben. Das schwerste Loch hat *Platz-Handicap* 1, das einfachste *Platz-Handicap* 18. Diese Reihenfolge wird benötigt, um im *Lochspiel* oder im *Stableford* die Vorgabenschläge eines Spielers den einzelnen Löchern zuzuordnen.

Vorgabewirksames Turnier
Eine Handicap-Veränderung kann in der Regel nur durch Teilnahme an vorgabewirksamen 9-Loch- und 18-Loch-Turnieren erfolgen.

Vorgrün
Die Rasenfläche rund ums Grün.

Vorlegen
Seinen Schlag aus taktischen Gründen kürzer lassen. Zum Beispiel, statt das Grün anzugreifen oder in ein Hindernis zu schlagen, den Ball davor spielen. Siehe auch *Transportschlag*.

Wadlbeißer

Scherzhafte Bezeichnung für Meter-Putts, die einfach scheinen, aber hin und wieder danebengehen.

Waggle

Kleine Auslösebewegung des Spielers vor dem eigentlichen Schwung. Zum Beispiel mit Pendelbewegungen des Schlägerkopfs aus den Handgelenken heraus.

Wasserhindernis

Je nach Position ist ein Wasserhindernis gelb oder rot markiert. Innerhalb der Markierung darf der Schläger im Hindernis den Boden weder beim Ansprechen des Balls, noch beim *Probeschwung* berühren. Besteht keine Chance, den Ball direkt herauszuspielen, erhält man unter Anwendung der Regel einen *Strafschlag*.

Wedge

Spezialschläger mit extrem geneigter Schlagfläche für hohe und kurze Flugbahnen.

Weiße Markierung

Alle Ausgrenzen auf dem Platz werden mit weißen Pfosten oder Linien gekennzeichnet. Siehe auch *Aus-Ball*.

Wettspiel

Jedes Turnier und jedes Lochwettspiel (Match) ist ein Wettspiel. Dabei wird nach den weltweit identischen Regeln des Royal and Ancient Golf Club of St. Andrews gespielt. Die örtliche Spielleitung kann im Rahmen dieser Golfregeln zusätzliche Platzregeln erlassen.

Wicken

Als ein Schlag in die Wicken (benannt nach der Pflanze) bezeichnet man scherzhaft einen missglückten Schlag ins Gebüsch.

Wind prüfen

Das beliebte Gras-Werfen verrät zum Teil, wie stark der Wind aus welcher Richtung weht. Bei mittleren und kurzen *Eisen* fliegt der Ball über die Baumspitzen hinaus, dort verändert der Windeinfluss die Flugbahn stärker. Schon ein Blick in die Baumkronen bestätigt das.

Wintergrün

In kalten Klimagebieten werden, um die Grüns zu schonen, auf den Fairways Wintergrüns angelegt. Das Putten ist auf den holprigen Ersatzflächen nicht vergleichbar mit den üblichen Grüns. Zudem sind beim Anspiel meist keine Hindernisse im Weg. Siehe auch *Besserlegen*.

X-Out-Ball

Grundsätzlich ist der Ball keineswegs schlechter zu spielen als sonstige Bälle. Manchmal wirft der Hersteller wegen winzigen Farbfehlern oder zu hohen Beständen solche Bälle mit einem X über dem Namen günstig auf den Markt. Mit ausge-x-tem Ball kann man an Wettspielen teilnehmen, sofern nicht die „List of Confirming Golf Balls" gilt. Siehe *Ball*.

Yard

Gebräuchliche Maßeinheit im englischsprachigen Raum für Entfernungsangaben zum Grünanfang.
1 Yard = 0,9144 Meter.

Yips

Nervöses Zittern oder Muskelzucken der Hände, vor allem bei kurzen *Putts*. Oft langanhaltendes Leiden, vor allem bei Männern. Selten kommt das große Zittern auf dem Grün bei Frauen und Jugendlichen zum Ausbruch. Zum Teil kontrollierbar durch neue Grifftechnik und Putter.

Zähler

Englisch: Marker. Der Spieler, der im Turnier (Name steht auf der *Zählkarte*) die Anzahl der Schläge zählt.

Zählwettspiel

Englisch: Strokeplay. Bei dieser Wettspielart wird an jedem Loch die volle Schlagzahl in die *Score-Karte* eingetragen. Dann werden jedoch keine Punkte errechnet wie im *Stableford*, sondern die Summe aller gespielten Löcher ergibt das Bruttoergebnis im Zählwettspiel. Jedes *Loch* muss bis zu Ende gespielt werden. Beim *Netto*ergebnis wird das *Brutto*ergebnis um das *Handicap* des Spielers bereinigt.

Zählkarte

Englisch: Score-Card. Die Zählkarte ist das Dokument, auf dem das Ergebnis (Score) pro Loch festgehalten wird. Sie enthält außerdem Angaben über den Platz, Längen der Löcher,

Schwierigkeitsgrad nach *Handicap* und oft noch Hinweise für Fahnenposition, *Etikette*, Entfernungsmarkierungen und *Platzregeln*. Spieler und Zähler überprüfen nach der Runde alle Zahlen. Danach unterschreiben sie die Zählkarte und geben sie im Sekretariat zur Auswertung ab.

Zeitweiliges Wasser
Oft sind es Pfützen auf der Spielbahn, auf denen man nicht mehr stehen kann. Aus vorübergehender Wasseransammlung darf der Golfer den Ball holen und an nächstgelegener, trockener Stelle (nicht näher zum Loch) straflos *droppen* und weiterspielen.

Zehnfingergriff
Bei der Griffart berühren alle Finger den Schlägergriff. Siehe auch *Baseball-Grip*.

Ziellinie
Die gerade Linie zwischen Ball und Ziel.

Zocken
Beim Golfspielen Wetten um Geld oder andere Einsätze. Positiv gesehen kann Zocken die mentale Belastbarkeit steigern und das Spielniveau hochtreiben. Doch wem das Blut zu schnell in Wallung gerät, der hüte sich vor abgebrühten Wettsüchtigen und sollte sich besser nicht zum Zocken breitschlagen lassen.

Zweiten Neun
Englisch: Back Nine und In. So werden die letzten neun Löcher, zum Beispiel auf der *Score-Karte* eines 18-Loch-Platzes bezeichnet. Das Gegenteil sind die *ersten Neun* (englisch: Front Nine und Out).

Stichwortverzeichnis

Abschwung	78, 116
Abwärts-Putt	107
Angstseite	124
Annäherungsschlag	39, 51
Ansprechstellung	14
Aufschwung	116
Aufwärts-Putt	106
Aufteen	13
Aus-Grenze	142
Ausrollfläche	162
Ballansprache	16, 76, 114
Ball-Drop	134
Ballkontakte	73
Ballposition	166
Ballverhalten	168
Baseball-Grip	12
Besteck	178
Blaue Pfosten	143
Boden in Ausbesserung	143
Break erkennen	99
Brutto-Denken	159
Bunkerangst	67
Bunkerschläge	67
Chip	33
Damen-Pitch	56
Divotologie	56
Divot-Mulde	57
Draw	114
Draw-Flugkurven	118
Dreiviertel-Schwung	120
Drive-Schlag	14
Driving Range	110
Droppen	136
Durchschwung	15, 79, 115, 117

Ehre	132
Einhändig	86
Einschlagloch	148
Einschlagmodell	152
Einspielprogramm	152
Einspielrunde	153
Eisenbahnschiene	26
Eisen-Schlag	22
Ellbogen,	
klebender	18
fliegender	18
Endposition	15
Etikette	149
Fade	116
Fade-Flugkurven	119
Fahne Raus	41
Fahnenposition	55
Fairway	174
Ferse,	
linke	65
rechte	65
Flugbahn,	112
flache	52
hohe	52
mittlere	52
Flugkurven	113
Free-Drop	138
Gedankenbild	156
Gegenwind	170
Gelbe Markierungen	146
Gewitter	169
Gleichklang	35

Golf- und Werbeartikel

Liechtensteiner Str. 70 Tel. +43 (0)5522 79 220 office@cosmos-golf.com
A-6800 Feldkirch Fax +43 (0)5522 79 221 www.cosmos-golf.com

Stichwortverzeichnis

Griff, Cross-Handed	91
schwacher	34, 87
starker	34, 87
weicher	90
Zehn-Finger-Chip	91
Griffdruck	29
Griffhaltung	10
Griffstärke	180
Grün	147
Grün lesen	99
Grundlagen	9
Handgelenke	30
Handgelenkeinsatz,	
fest	46
gekippt	46
Hangabwärts	78, 119
Hangaufwärts	76, 118
Hemmnisse,	
bewegliche	137
unbewegliche	138
Hook	189
Hybrid	127
Interlocking – Grip	12
Körpergröße	182
Klauen-Griff	93
Kraftquelle	98
Kühler Kopf	9
Kurventendenz	109
Längentests	110
Landestelle	162
Lange Eisen	127
Lieblings-Wedge	36
Lie-Winkel	180
Linkshänder	183
Linksabweichler	94
Loch	96
Luftschwall	27
Männer-Pitch	56
Naturstoffe, lose	137
Netto-Par-Methode	159
Netto-System	159
Oberhalb der Füße	120
Pitch	51
Pitchmarken	148
Pitch-Schlag	58
Pose	31
Potenzial	189
Power	27
Pressdruck	29
Probeschlag	155, 156
Probeschwung	57, 155
Putt	89
Putt-Griff	34
Putter-Griff	93
Puttlinie	148
Rechtshänder	183
Rechtsabweichler	94
Regeln	129
Restehre	132
Rhythmus	29
Rollstrecke	36
Rote Markierungen	144
Rough	166
Routine	151
Rückenwind	170
Rückschläge	189
Rückschwung	14, 22, 76, 78, 114
Säge-Griff	93
Sand,	
fester	69
feuchter	69
trockener	69
weicher	69

GOLFSOCIETY AUSTRIA
KÖNIGLICHES GOLF ZU BÜRGERLICHEN PREISEN

WWW.GOLFSOCIETY.AT

- ✓ **Golfvergnügen ohne Organisationsstress**
  Entspanntes Spiel ohne organisatorischen Zeitaufwand – Teetime und ggf. Hotel & Shuttle sind für Sie organisiert.

- ✓ **Bis zu 50% Rabatt bei Clubs, Hotels und Shops**
  Spielen Sie günstiger, sparen Sie bei diversen Anschaffungen oder Dienstleistungen. Unsere Partner freuen sich auf Sie!

- ✓ **Laufend neue Partner & Kooperationen**
  Erleben Sie immer wieder neue Golfplätze, Hotels & Resorts. Unsere internationale Auswahl sorgt für Abwechslung.

- ✓ **Preiswerte Kurzurlaube & Golftage**
  Golfwochenenden sind Kurzurlaube mit echtem Erholungsfaktor. Sparen Sie mit unseren Arrangements Urlaubstage und bares Geld.

UNSERE PARTNERSCHAFTEN –
IHR VORTEIL.

GSA-Vorteilscard ab 30,- EUR Jahresgebühr. Online unter www.golfsociety.at mit **Code „LITTI"** bestellen und **30% sparen!**

GOLFSOCIETY AUSTRIA
Christian Freidl
Gärtnerweg 6
8073 Neuseiersberg
Austria

Tel.: +43 (0)316 / 890 500
Fax: +43 (0)316 / 890 500 15
Web: www.golfsociety.at
Facebook: golfsociety.austria
E-Mail: office@golfsociety.at

Stichwortverzeichnis

Sandanalyse	68
Sandbunker	71
Sandhaufen	84
Sandmulden	85
Sandschlag	67
Sand-Wedge	67
Schaftflexibilität	180
Schlägerblatt square	104
Schläge,	
dünne	21
fette	21
Schlägerhaltung	28
Schlägerkopf	30
Schlägerkopfgeschwindigkeit	111
Schlägernummer	153
Schlag	157
Schlagablauf	9
Schlagfläche	38
Schlaggefühl	53
Schlagspuren	57
Schlagtechnik	10
Schlagvorbereitung	156
Schlagweiten	54, 178, 182
-Übersicht	111
Unbequem	87
Schlagzentrum	33, 127
Schulterdrehung	55
Schwacher Griff	13
Schweißausbrüche	84
Schwungauslauf	77, 81
Schwungbahn	20
Schwungebene	16, 48
Schwungende	115, 117
Schwungrhythmus	126
Schwungtempo	10
Score-Karte	131
Seitliches Wasser	144
Selbstvertrauen	89, 105
Semirough	166
Slice	186
Socket	185

Soforthilfe	185
Sound-Check	83
Spiegelei	70
Spiellage	45
Spielraum	162
Spielunbrauchbarer Ball	139
Spinverhalten	179
Standardgriff	11
Starker Griff	12
Startsignal	157
Steuerfunktion	67
Stress	171
Stundentakt	54
Sweetspot-Kontrolle	127
*T*ap-in	104
Treffbereich	77, 79
*U*nterhalb der Füße	121
Up-and down-Übung	49
*V*erbesserungen	125
Vorgrün	40, 147
*W*adenbeißer	104
Wasserhindernis	146
Wedge	51
Wedge-Schläge	53
Weiße Markierungen	142
Wendepunkt	19
Y	
Yips	93
Z	
Zehn-Finger-Griff	134
Zeitweiliges Wasser –	
Erleichterung	140
Zielbereich	100
Ziellinie	19
Zittern	93

Le Morne Peninsula • Mauritius

Royal Palm Marrakech

beachcomber
HOTELS

Informationen, Konditionen und Reservierungen in Ihrem Reisebüro
Tel ++49 89 62 98 49-0 • Fax ++49 89 6 09 68 11 • E-mail: info@beachcomber.de
WWW.BEACHCOMBER-HOTELS.COM

Dank für Unterstützung

GOLFCLUB　　STARNBERG

Lacoste
Deutschland, Austria

Titleist und Foot-Joy
Deutschland

Hilfreiche Informationen

Michael Behrens, Feldafing
Howard Carpendale, Starnberg
Rachel de Heuvel, Stuttgart
Dr. Wolfgang Houdek, Berg
Dr. Daniela Otten, München

PGA Golfschule

Spielend Golf lernen

Die einzige PGA Golfschule im Fünf Seen Land ist die
erste Adresse für Golfer und solche die es werden wollen.

Einzelunterricht
Monatlicher Erlebnistag
Platzerlaubniskurse
Schnupperkurse
Feriencamps
Firmen Golftage

Beim Spiel mit Holz und Eisen stehen Ihnen
auf dem weitläufigen und modernen Übungsgelände
unbegrenzt kostenlose Driving-Range-Bälle
zur Verfügung.
Leihschläger sind vorhanden.

Golfclub Starnberg
Uneringer Straße 1
82319 Starnberg

Telefon 08151-12157
golfschule@gcstarnberg.de
www.gcstarnberg.de

STEIGEN SIE DOCH MAL AUS!

Kommen Sie nach Bad Griesbach. Tauchen Sie ein in unsere Thermalwelten und lassen Sie sich kulinarisch verwöhnen. Spielen Sie Golf, genießen Sie die Entspannung und freuen Sie sich auf gemütliche bayerische Gastlichkeit.

EUROPAS GOLF RESORT NR. 1

European Challenge Tour Station, 129 Golfbahnen, unbegrenzte Übungsmöglichkeiten im ganzjährig geöffneten Golfodrom®, die erfolgreichste Golfschule der Welt, Golfkurse für alle Altersklassen und Spielstärken, Schwunganalyse, Fittingcenter, über 160 Turniere und Events, uvm.

Weitere Infos unter **www.hartl.de**

Kostenlose Reservierungs-Hotline:
00800 1299 1299

HARTL RESORT
BAD GRIESBACH
Eine Welt für sich

INFO@HARTL.DE | WWW.HARTL.DE

Das sind unsere Fotomodelle*

Pia Halbig	Mario Litti	Bernd H. Litti
HCP + 3,9	HCP − 0,6	HCP − 4,4

*Ihre besten Handicaps

Impressum

Umschlaggestaltung von Klaus Neunstöcklin unter Verwendung eines Farbfotos von Shutterstock

Mit 235 Farbfotos und 80 Farbzeichnungen.

Alle Fotos von **Alexander Minkoff,** außer Seite 169, Shutterstock

Illustrationen:
Friedrich Werth, Horb am Neckar
Seiten: 128, 130, 133, 134, 136, 137, 138, 139, 141, 142, 143, 172

Beata Laufersweiler-Haag, Baden Baden
Seiten: 111, 145, 147, 160, 161,163, 165, 170, 174, 179, 183, 185, 186, 187, 188, 189, 191, 192, 193, 196, 197, 198, 199, 200, 201, 202, 203, 204, 205, 206, 207, 209, 210, 211, 213, 216, 217, 218, 219, 220, 221, 222, 224, 226, 227

Unser gesamtes Programm finden Sie unter **kosmos.de.** Über Neuigkeiten informieren Sie regelmäßig unsere Newsletter. Einfach anmelden unter **kosmos.de/newsletter**

Gedruckt auf chlorfrei gebleichtem Papier

© 2014 Franckh-Kosmos Verlags-GmbH & Co. KG, Stuttgart
Alle Rechte vorbehalten
ISBN 978-3-440-14640-8
Projektleitung: Sven Melchert
Redaktion: Benita Gehrlicher, Kaufbeuren
Gestaltung und Satz: Klaus Neunstöcklin, Brunnthal
Produktion: Ralf Paucke
Printed in Slovakia/Imprimé en Slovaquie

Mit jedem gelungenen Schlag
wird die Anspannung vor der Angstseite kleiner

Auf dem Vorgrün gewinnt der kleine Chip

Erwartungen in seine eigenen Schläge setzen

Der Trainingsbunker ist oft der ruhigste Ort im Golfclub

So kommt Lust zum Lernen auf

Um erfolgreich Wettspiele zu bestreiten, braucht man eine stabile mentale Seite und eine bewährte Routine

Es ist ganz einfach – jedenfalls theoretisch

Schlagvorbereitung im Sekundentakt

Das Spiel auf dem Grün ist am leichtesten zu lernen, aber unter Druck am schwersten zu beherrschen

Jeder braucht sein Einschlagmodell

Wie gut kann ich eigentlich werden?

Jeder kann so schnell schwingen, wie er mag …